그래도 감사합니다

그래도 감사합니다

초판 1쇄 발행 2012년 1월 10일

지은이 신동철
펴낸이 정종현
펴낸곳 도서출판 누가

등록번호 제20-342호
등록일자 2000. 8. 30.
주소 강서구 염창동 282-19 현대아이파크 상가 B 102호
전화 (02)826-8802, **팩스** (02)826-8803

정가 10,000원
ISBN 978-89-92735-55-1

* 파본은 교환해 드립니다.
* 이 출판물은 저작권법에 의해 보호를 받는 저작물이므로 무단 복제할 수 없습니다.
* 독자의 의견을 기다립니다.
* lukevision@hanmail.net

그래도 감사합니다

| 머리말

　이제 '그래도 감사합니다' 원고가 다 끝나 시원하기도 하고 나에게서 원고가 떠난다고(?) 생각하니 섭섭하기도 하다. 책이 쓰여지는데 많은 도움을 준 양주의 아름다운 자연에 감사하고 싶다.

　누군가를 도와주었는데 상대방이 전혀 감사하지 않는다면 더 도와주고 싶지 않을 것이다. 가만히 생각해 보면 누군가에게 도움을 주었을 때 그 사람에게 가장 바라는 것은 바로 감사인 것 같다.

　하나님이 이 세상을 창조하신 목적이 찬양 받으시기 위해서라 한다. 찬양에 가장 가까운 방법이 바로 감사이기 때문에 하나님도 사람들에게 가장 바라시는 것이 감사가 아닐까 하는 생각을 해보았다. 그런 컨셉에서 만들어진 책이 바로 '그래도 감사합니다' 이다.

　마음이 괴롭고 답답할 때 생각나는 대로 감사를 계속하다보면 마음이 안정되고 평안한 느낌이 들었다. 30가지 정도의 감사를 항상 가지고 있으면 웬만한 어려움도 무난히 이길 수 있을 것 같다.

지구의 자전 속도가 한국을 기준으로 초속 370m 정도 되고 공전 속도가 초당 29km이다. 우리는 최고 속도로 나는 우주선보다 더 빠른 지구에 타고 있는 것이다. 아무런 안전장치도 없이 지구에 서있고 건물이 무너지지 않는 것 하나만 해도 엄청난 감사의 조건인 셈이다.

어떤 목사님은 우울증에 빠진 교인에게 현재 자신이 감사할 수 있는 것들을 30개씩 쓰게 한다고 한다. 이렇게만 해도 우울증이 사라진다는 것이다.

무엇이든 감사하기 전까지는 축복이 아니라고 한다. 이 말을 역으로 말하면 고난도 감사하면 축복이 된다는 말이 된다.

"감사하면 축복도 축복, 고난도 축복"

2011년 11월 18일 신동철

| 차례

1. 나무 감사 •15

- 아낌없이 주는 나무
- 쪽지 감사
- 감사하면 고난도 축복
- 4000억 분의 1
- 민주주의
- 되돌아온 은혜
- 사소한 것이 중요하다
- 놀라운 DNA
- 고통의 뒷면은 축복
- 20kg짜리 배낭
- 상상의 가치

- 시간의 소중함
- 헬렌켈러와 눈
- 내일 없어질 것처럼
- 세계 최고의 성자
- 어떻게 하면 될까?
- 기도
- 누구에게나 배움
- 이기풍 선교사와 배
- 뇌를 움직이는 메모
- 서수남 장로의 감사
- 적혈구

- 유리창
- 신비한 물
- 공기
- 망각의 고마움
- 핏줄
- 언어 소통
- 땀구멍의 역할
- 소중한 산
- 백금보다 중요한 지금
- 원더풀! 지구
- 거울
- 75억 년 전
- 하나님의 사랑
- 면역력
- 9,999번의 성공
- 감사와 고난
- 링컨과 성경
- 사랑과 집착

- 하루 24시간
- 행복한 환상
- 따라하기
- 완벽한 기획은 없다
- 식사기도와 감사 연습
- 콩나물과 숙주나물
- 죽음을 이긴 천국
- 핸즈프리
- 공인중개사
- 분노의 침전물
- 지구라는 우주선
- 세탁기
- 시크릿 가든
- 단맛
- 마이크
- 은행
- 감사의 과학

2. 구름 감사 •61

- 칭찬
- 뇌와 신경회로
- 바람과 항아리
- 시나리오
- 리모콘
- 닉 부이치치
- 평범한 삶의 행복
- 색깔
- 구름과 비
- "나도 할 수 있다"
- 피뢰침
- 도서관
- 히딩크 감독 '님'
- 그 바보
- 방충망
- 라면 땡기는 날
- 바다의 고마움
- 기상예보
- 신기한 인쇄물
- 형광등
- 하나님의 응답
- 한글
- 나도 10억짜리 차가 있어
- 시멘트

- 짝짓기
- 옆 사람이 선생님
- 병원에서 감사하기
- 하나님이 찾고 싶은 사람
- 글로 적은 목표
- 사진기
- 공기는 공짜다
- 감사 불변의 법칙
- 소금
- 금
- 지하철 역
- 눈물과 안구건조증
- 나누면 쉽다
- 모든 순간은 중요하다
- 감사를 모르는 사람
- 즐거운 스포츠
- 여름은 즐거워
- 지금 행복
- 206개의 뼈
- 수돗물
- 웃음의 힘
- 아침형 인간
- 부자도 세 끼 먹는다
- 대단한 한글소프트웨어
- 그래도 감사합니다
- 우산 감사
- 실패는 예방주사
- 성격교정

3. 땅 감사 ·109

- 생명의 흙
- 포토샵
- 백혈구
- 왕보다 두 배 잘살아
- 바꾸기 힘든 성격
- 불가능은 없어
- 베개
- 책과 나폴레옹
- 250인의 법칙
- 마음으로 그려요
- 사건보다 중요한 해석
- 부산에서 서울까지
- 중용
- 바이러스 백신
- 슈퍼에 다 있어
- 추위를 견딘 나무
- 기무라의 무농약 사과
- 전화
- 태양
- 췌장
- 진흙 쿠키
- 과일은 맛있어
- 걱정과 감사
- 잃어버리기 전 감사
- 사다리차
- 페이
- 농부
- 식당
- TV
- 인터넷 치면 다 나와
- 예수님 손잡고 가요
- 실
- 성경의 은혜
- 마가의 다락방

- 수학을 미워하지마
- 10배 고통스러운 하나님
- 쇠
- 썩는다는 것
- 감사라는 묘약
- 나는 1,000년 전 사람
- 짜장면
- 아이 우는 소리
- 내 몸과의 대화
- 집의 고마움
- 비디오
- 팥 심은 데 팥 난다
- 빵
- 마취
- "하나님 거"
- 빠흠의 땅
- CCTV
- 로마시대 크리스천
- 워런 버핏
- 열쇠

- 꽃
- 감사의 치료 능력
- 컴퓨터그래픽
- 엘리베이터
- 온도
- 마우스
- 생수
- 보약 같은 잠
- 천국의 도로포장재
- 샤프
- 이삿짐센터
- 강도에게 술 얻어먹었어요
- 하나님과의 대화
- 집에 있는 영화관
- 감사는 누전차단기
- 비행기 좌석 모니터
- 휴지통
- 약의 고마움
- 괴로움을 없애는 감사
- 내 마음의 구멍

4. 하늘 감사 ·169

- 오프라 윈프리의 감사
- 불만불평의 결과
- 10만 원권 수표
- 가로등은 길동무
- 찬양 속의 은혜
- 동굴 구경
- 좌절금지
- 신발
- 예수님을 만나면…
- 비행기 창문
- 비행기 외부 온도
- 지갑
- "세금도 내줘요!"

- 광안리 개
- 사랑의 원자탄
- 꼼장어와의 대화
- 특종
- 9월 15일
- 감사 할아버지
- 신체적인 특징
- USB메모리
- 마술은 즐거워
- 성공 전략
- 삶은 곧 디자인
- 감사 연주회
- 편의점

- 감사보감
- 머리카락만 2억 원
- 친절
- 인공위성
- 달란트
- 지금 감사
- 빠삐용
- 그늘의 고마움
- 컴퓨터는 만능
- 고마운 파도
- 속눈썹
- 논길을 걸으며
- 어머니
- 젓가락
- 경청
- 우리를 지키는 법
- 대기권

- 인간의 목적
- 목표의 중요성
- 플라스틱 병
- 기본
- 그저 그저 감사
- 식욕
- 닉 부이치치의 모험
- 꿀벌
- 성 어거스틴의 은혜
- 18평 아파트
- 문제 해결법
- 민들레 영토
- 작은 것에 감사
- 공휴일과 주일
- 컴퓨터 하드 용량
- 반지는 건졌어요

1. 나무 감사

아낌없이 주는 나무

아메리카 인디언들은 옛날부터 큰 병이 걸리면 숲 속의 큰 나무 밑에
앉아 나무에 자신의 운명을 맡겼다고 합니다.
이만큼 나무는 사람에게 이로운 것이 있다는 것이겠지요.
실제로 병원에서 포기한 환자들이 숲 속 생활을 통해
병이 낫게 된 경우가 많습니다.
나무가 내뿜는 피톤치드는 방어를 위해서 뿜어내는 것인데
인체에는 혈액순환을 도와주어 혈압을 낮춰주며 향긋한 냄새로
상쾌함을 주는 좋은 물질입니다.
땅만 있으면 어디든지 자라서 그렇게 귀중하게 생각하지 않았던 나무,
현재는 보물 같은 존재입니다.

쪽지 감사

오프라 윈프리가 하루 5가지 감사 일기를 썼다고 하는데
감사하는 한 가지 방법을 소개하겠습니다.
감사하던 것도 조금 지나면 잊어버리기 때문에 항상 호주머니에
메모지 한 장과 볼펜을 가지고 다니다 감사할 것이 생각나면
메모지에 적어 그걸 놓고 틈틈이 묵상하고 기도하면 좋더라고요.
저녁 때는 모아서 감사 일기에 적어 넣으면 하루 감사 일기가
완성되는 거지요.

감사하면 고난도 축복

고 김준곤 목사님의 글에서 축복도 감사하기 전까지는
축복이 아니라고 합니다.
역으로 말하면 고난도 감사하면 축복이 된다는 뜻이 됩니다.
감사하면 축복도 축복, 고난도 축복입니다.

4000억 분의 1

한 사람이 평생 만들어내는 정자의 수는 4000억 개라고 합니다.
그러니까 지금 세상에 태어난 사람들은
4000억 분지 1의 경쟁률을 뚫고 태어난 겁니다.
거의 불가능한 일이라고 생각하는 800만 분지 1의 로또 당첨도
기절할 일인데 4000억 분의 1이라니 세상에 태어난 것 하나만 해도
로또 5만 번 당첨된거나 마찬가지인거죠.
100년 동안 매일 로또 당첨된 것과 같습니다.

민주주의

우리가 민주주의 시대에 살고 있음을 감사합니다.
옛날 왕정시대 때는 왕자로 태어난 사람은 왕이 되고 노비로 태어난 사람은
노비가 되어서 실력이 있더라도 자신의 신분에서 벗어나지 못했습니다.
왕정시대 때 태어났더라면 얼마나 답답했을까?
자신이 노력하면 실력대로 인정받을 수 있는 현 사회에
태어난 것을 감사합니다.

되돌아온 은혜

부자였던 이어령 교수가 어렸을 때 한밤중에 옆집 사람이
집에 들어와 쌀을 훔쳐가고 있었습니다.
그 광경을 목격한 이어령 교수의 어머니는 하인들을 불러
"여봐라 이웃집 사람에게 오늘 쌀 다섯 가마 주기로 했는데 쌀 내 주는걸
도와주어라!"하고 그 사람을 감싸 주었습니다.
6.25 전쟁이 터진 후 그 도둑은 북한군 앞잡이 우두머리가 되었고
다른 부자들은 옥에 갇히기도 하고 죽기도 했는데
이어령 교수의 가족만은 그 사람 덕분에 화를 면했습니다.

사소한 것이 중요하다

미국 메이저리그에서 상대 타자를 분석하는데 타자가 타석에 들어서서
몇 번 눈을 깜빡 거리는 것까지 분석한다고 합니다.
이런 분석 기술을 나 자신의 일이나 자신의 성격을 알아보는데
사용해보면 어떨까 하는 생각을 해보았습니다.

히딩크가 한국을 월드컵 4강까지 올라가게 만든 것은
치밀한 분석 때문이었습니다. 우리나라 선수들의 기술은 뒤떨어지지
않은데 체력이 많이 떨어진다고 판단해 체력 훈련을 많이 시켰습니다.
그래서 사람들로부터 무슨 축구대표팀을 마라톤 선수로 만들려고
하느냐는 비아냥도 들었습니다. 이천수 선수는 "체력 훈련을 하고 나니
유럽 선수들과 시합 중에 부딪쳐도 밀리지 않았습니다"라고 말했습니다.
2002년 16강 이탈리아 전 때는 규정상 3시간 전에 물을 뿌려야 하는데
히딩크는 1시간 늦춰서 2시간 전에 뿌려달라고 부탁을 했다고 합니다.
잔디에 물이 촉촉히 젖어 들면 공이 빨라지는데 이는 스피드를 앞세우는
한국 선수들에게 유리했기 때문입니다.
한국팀 최 코치는 스코어가 1-1일 때 후반 44분 비에리 선수가 왼쪽에서
올라온 센터링 노마크 찬스를 헛발질한 것은 젖은 잔디로 인해 볼의
스피드가 다소 빨라진 덕분이라고 분석하고 있습니다.
그 찬스에서 비에리가 골을 성공시켰다면 우리나라는 16강에서
탈락해 4강 신화는 없었을 겁니다.

놀라운 DNA

인간은 60조 개의 세포로 되어 있는데 각각 세포의 핵 속에는 46개의 염색체가 들어 있습니다. 그 염색체 속에 머리가락 4만 분의 1 두께로 2m 정도의 가늘고 긴 두 가닥의 물질이 있는데 이게 바로 DNA입니다. 이 46개의 염색체 안에는 백과사전 700권 분량인 6억 개의 문자암호가 들어 있는데 그 중에 보통 사람과 다른 암호문자가 하나라도 있으면 개인의 운명이 크게 달라진다고 합니다. 다운증후군은 21번 염색체에 이상이 생겨서 나타나는 질병입니다. 인체의 유전자!
놀랍고도 놀라운 물질입니다.

고통의 뒷면은 축복

고난이 있게 하심을 감사드립니다. 고난으로 인하여 우리는 오히려 하나님 앞으로 더 가까이 달려 갈 수 있기 때문입니다.
성 어거스틴은 고통과 축복은 자수의 앞면과 뒷면 같다고 말했습니다.
"뒷면의 모습이 엉망이지만 그로 인해서 앞면의 아름다운 자수 모양이 만들어지는 것입니다."

20kg짜리 배낭

'남자의 자격' 프로그램을 진행했던 이경규씨가 한 학교에서
강연을 했습니다. "지리산을 오르는데 짐이 20kg이나 되어 짐을 버리고
싶었지만 지리산을 다 오르고 보니 그게 다 먹을 거였습니다."
부모님도 모셔야 하고 부인도 먹여 살려야 하고 아이도 키워야 하는
자신이 가지고 있는 인생의 짐이 있는데 이러한 인생의 짐을 함부로
버리지 말아야겠구나 하는 생각을 하게 되었답니다.

상상의 가치

상상이라는 것을 주신 하나님께 감사드립니다.
상상으로 부자가 될 수도 있고 앞으로 더 나은 것을 상상하며 고난을
이길 수 있으며 재미있는 이야기도 상상력에서 나옵니다.
달리 말하면 훌륭한 사람과 그렇지 않은 사람의 차이는
상상력의 차이라고 말할 수 있습니다.

시간의 소중함

비밀 혁명 단체에 가입한 죄목의 28살 된 한 사형수에게 마지막으로 최후의 5분이 주어졌습니다. 다른 사형수에게 작별 인사하는데 2분, 자기 생활을 정리하는데 2분, 나머지 1분은 자신을 낳아준 자연을 바라보는데 쓰려고 마음먹었습니다.

자신을 돌이켜보는 순간 벌써 2분이 지났습니다.

이제 3분 후면 자신이 영원히 사라진다고 생각하니 지난 28년이라는 세월을 낭비했던 것이 지독히 후회되었습니다.

"다시 한 번 더 산다면 순간순간을 열심히 살텐데 이제 죽는구나" 하는 순간 황제의 사형집행 정지 명령으로 기적적으로 풀려나게 되었습니다.

그는 사형수로서 느꼈던 시간의 소중함을 평생 잊지 않았습니다. 쉴 새 없이 작품 활동을 하였고 '까르마조프 형제들' '죄와 벌' 등의 수많은 명작을 남겼습니다. 그가 바로 토스토예프스키입니다.

헬렌켈러와 눈

난 건널목을 건널 때마다 눈에 대해서 자연스럽게 감사하게 됩니다. 만약 눈이 안 보이는 상태에서 도로를 건넜다면 얼마나 힘들었을까를 생각하면 다리가 후들거립니다. 헬렌켈러는 그녀가 쓴 '사흘만 볼 수 있다면(원제 Three Days to See)' 이라는 수필집에서 "이 세상을 사는 동안에 유일한 소망이 있다면 그것은 죽기 전에 꼭 3일 동안만이라도 눈을 떠 보는 것입니다. 만약 내가 3일 동안 볼 수 있다면 첫째 날은 설리번 선생님과 친구들의 얼굴을 몇 시간씩 보면서 그 특징을 기억하고 숲속을 산책하고 싶어요. 둘째 날은 새벽에 떠오르는 해를 보고, 오전에는 박물관, 오후에는 미술관, 저녁에는 연극이나 영화를 볼 겁니다. 셋째 날은 현실세계로 가서 사람들이 살아가는 모습을 보려고 합니다. 거대한 건축물 중에 하나인 엠파이어 스테이트빌딩 꼭대기에 급하게 올라가서 세상을 내려다보고 번화가의 진열장을 가득 메운 물건들을 구경하고 싶어요."라고 말했습니다. 만약 헬렌켈러가 대학총장이었다면 '눈을 사용하는 법' 이란 과목을 필수과정으로 개설 했을 거라고 합니다. 여러분은 대부분 헬렌켈러가 3일 동안이라도 보고 싶었던 세상을 평생 보고 있습니다.

내일 없어질 것처럼

헬렌켈러는 앞이 잘 보이는 시각이란 선물을 받은 사람들에게 그것을 가장 잘 사용하는 방법을 알려 주었습니다.

"내일 갑자기 장님이 될 사람처럼 여러분의 눈을 사용하십시오. 다른 감각기관에도 똑같은 방법을 적용할 수 있습니다. 내일 귀가 안 들리게 될 사람처럼 음악 소리와 새의 지저귐과 오케스트라의 강렬한 연주를 들어보십시오. 내일이면 촉각이 모두 마비 될 사람처럼 그렇게 만지고 싶은 것들을 만지십시오. 내일이면 후각과 미각도 잃을 사람처럼 꽃향기를 맡고 맛있는 음식을 음미해 보십시오. 모든 감각을 최대한 활용하세요. 자연이 제공한 여러 가지 접촉 방법을 통해 세상이 당신에게 주는 모든 즐거움과 아름다움에 영광을 돌리세요. 그렇지만 단언하건데 모든 감각 중에서도 시각이야말로 가장 즐거운 축복입니다."

−헬렌켈러의 '사흘만 볼 수 있다면' 중에서−

세계 최고의 성자

엄숙한 부르심이라는 책을 쓴 윌리엄 로우는 그의 책에서 "세계 최고의
성자는 기부를 많이 한 사람도 아니고 금식을 많이 한 사람도 아니고
기도를 많이 한 사람도 아니다.
세계 최고의 성자는 모든 일에 감사하는 사람이다." 라고 말했습니다.

어떻게 하면 될까?

어떤 문제를 만나든지 "왜 안될까? 어떻게 하면 될까?"를 생각해
10년 동안 100배의 교회부흥을 일으켰던 세계로 교회 손현보 목사님의
성공 비결은 복잡한 문제를 핵심만 생각해서 정확한 답을 찾는데
주력 한 것입니다. 그는 교인들도 무슨 일이 생길 때 "왜 안될까?
어떻게 하면 될까?"를 생각해 보라고 합니다.
우리도 문제를 너무 복잡하게 생각하지 말고 간단하게
생각해 보면 어떨까요?

기도

옛날에는 번제와 속제, 화목제 등을 드려야만 하나님을 만날 수 있었는데 이제는 그런 제사를 지낼 필요가 없습니다. 예수님이 십자가를 지고 돌아가셔서 직접 기도함으로 하나님을 만날 수 있습니다.

누구에게나 배움

사실 좋아하지 않는 사람의 좋은 점은 눈에 잘 보이지도 않지만 그걸 인정하고 싶지도 않습니다. 하지만 싫어하는 사람에게도 나에게는 없는 배워야 할 점이 있습니다. 자신이 싫어하는 사람이라도 그 사람에게 좋은 점을 발견하고 배우면 정말 많은 것을 배울 수 있을 겁니다.

이기풍 선교사와 배

이기풍 선교사는 원래 마포삼열(마펫) 목사의 턱에 돌을 던져 크게 다치게 만들었던 불량배였습니다. 그러나 그렇게 괴롭혔는데도 아무런 대응을 하지 않는 기독교인들에게 마음이 끌려 신학교를 마치고 선교사까지 되었습니다.
"우리나라인 제주도를 전도했는데 왜 선교사일까?" 하고 생각할지 모르지만 그 당시 제주도는 탐라국이라고 해서 가기도 힘들었을 뿐 아니라 뱀을 숭상한다든가 하는 이상한 풍습이 많아서 여간 전도하기 힘든 곳이 아니었기 때문에 이기풍 목사님을 선교사라고 했던 겁니다. 이기풍 선교사는 목포에 도착해 제주도 가는 배를 타고 가다가 거친 파도로 인해 배가 뒤집어져 이기풍 선교사만 헤엄쳐 제주도 가는 길에 있는 추자도에 도착해 살아날 수 있었습니다.
그 당시에는 제주도가 중국 같은 외국보다 가기 어려운 곳이었습니다.
하지만 지금은 큰 배가 있어서 안전하게 제주도를 갈 수 있습니다.

뇌를 움직이는 메모

아이디어가 생각났는데 볼펜이 없어서 메모를 하지 않고 있다가
3분 후에 그 아이디어를 잊어먹었습니다.
메모를 하기 위해서는 항상 적을 수 있는 펜과 종이가 있어야 합니다.
저 같은 경우는 A4 용지를 세로 5cm~가로 10cm 정도로 잘라서
하루에 한 장씩 상의 왼쪽주머니에 넣고 다니다 메모할 게 있으면
메모를 합니다. 수첩을 꺼내려면 가방이나 호주머니에서 찾아 써야
하지만 메모지만 있으면 바로 적을 수 있어 더 빠른 것 같습니다.
'뇌를 움직이는 메모' 의 저자 사이토켄지는 현재 자신의 진정한 힘과
실상을 알려면 생각이나 발상, 계획을 손으로 적어봐야 한다고 합니다.

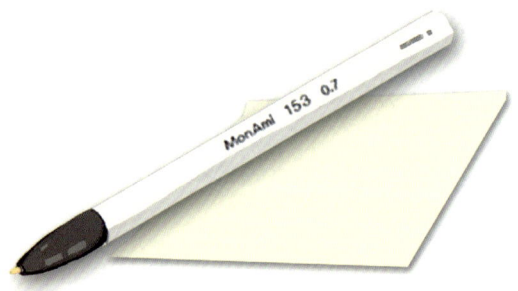

서수남 장로의 감사

서수남 노래 교실로 한참 잘나가던 때 서수남 장로의 매니저 역할을 하던
부인이 어느 날 갑자기 달랑 10억 빚만 남겨 놓고 집을 나가고 말았습니다.
서수남 장로는 빚쟁이에게 시달리면서 심한 디스크와 혈압, 당 치수까지
기준치를 완전히 넘어섰고 매일 좌절감 속에 지내고 있는데 어느 날
기도를 하시던 어머니가 서수남 장로를 부르더니 하나님이 이사야 41장
10절 말씀을 응답해 주셨다면서 "두려워하지 말라 내가 너와 함께 함이라
놀라지 말라 나는 네 하나님이 됨이라" 구절을 읽어 주었습니다.
그리고 매일 그렇게 풀이 죽어 지내면 어떻게 하냐며 회개하라고
말씀하셨습니다. 그 때 서수남 장로는 생전 처음으로 정말 진실된 회개를
하고 난 후 숨 쉬는 것조차도 감사하기 시작했습니다. 그러는 사이 자기도
모르게 빚 10억도 모두 없어지고 건강도 다시 회복되었습니다.

적혈구

피는 우리 몸의 배달부입니다. 피는 특히 적혈구가 중요한데 적혈구는
폐에서 산소를 받아다가 세포에 전달해 주고 세포의 이산화탄소를
받아다가 폐에다 내다 버리는 역할을 합니다. 또 외부 세균으로부터
우리 몸을 보호하고 체온을 유지해 준답니다.

유리창

옛날에는 방문에 창호지를 발라 문을 만들어서 문 뒤가 보이지가 않았죠.
그런데 유리가 발명되어 보온도 되고 방 밖의 아름다운 경치도
그대로 감상 할 수 있으며 햇빛을 그대로 투과시켜 환한 방에서
지낼 수 있습니다. 19세기에 일반화 된 현재의 유리가 없었다면
아파트 베란다 창문에 문풍지나 답답한 베니다판을 붙여야 했을지도
모릅니다. 생각만 해도 기분이 좀...

신비한 물

물처럼 생겨서 거의 칼로리가 없는 것처럼 보이는 이온 음료수도 500ml에 100칼로리더군요. 녹차도 칼로리가 전혀 없는 것은 아니죠. 물은 10리터를 마셔도 0칼로리인 지구상에서 유일하게 칼로리가 없어 살찔 위험이 없는 먹을거리입니다.

공기

공중에는 아무것도 없다고 생각하지만 그 빈 공간에도 가장 중요한 공기로 들어차 있습니다. 사람이 음식과 물을 모두 먹지 않고 10일을 살 수 있지만 공기가 없으면 단 4분도 버티지 못합니다. 게다가 이렇게 중요한 공기를 돈 내지 않고도 마실 수 있습니다. 숨 한번 내 쉴 때마다 공기에게 감사! 감사! 하나님께 감사!

망각의 고마움

전에 TV에서 머리가 너무 좋아 기억을 잘하는 사람이 과거의
슬펐던 일들이 잊혀지지 않아 괴로워하는 것을 본적이 있습니다.
몇 년 전 몇 월 며칠에 무슨 일을 했는지 기억할 정도였습니다.
옛말에 세월이 약이라는 말이 있듯이 사람이 과거의 일을 잊어버릴 수
있다는 사실, 감사해야 할 일입니다.

핏줄

우리 몸의 핏줄 길이는 모두 합쳐서 10만km입니다. 이 길이는 지구
둘레인 4만 6천km보다 무려 두배나 되는 엄청난 길이인데도 불구하고
우리 몸에 피가 돌게 하심을 감사드립니다. 이 긴 길이를 피가 한 바퀴
도는데 걸리는 시간이 불과 23초라니 정말 불가사이한 일이죠.

언어 소통

2000년도에 가장 기본적인 일본말 이꾸라데스까?(얼마입니까?) 이치(1), 니(2) 정도의 가장 기본적인 말만 조금 배우고 히라가나, 가다카나도 모른 채 일본에 갔는데 그런 일본어 지식은 거의 소용이 없었습니다. 예를 들어 "300"을 "삼빠구(약간 무식하지만)라고 한글말로 배우고 갔는데 일본 현지에서는 "삼햑큐" 정도의 발음을 하니 전혀 못 알아 듣겠더라구요. 전혀 말이 안 통하니 밥 먹으러 식당에 들어갈 때마다 고민이 됐습니다. 일본 사람들은 친절하게 한다고 이것저것 물어보니 더 곤혹스러워서 아예 맥도날드만 들어가서(그 당시 동경에 200m에 하나 정도 맥도날드가 있었음)메뉴 사진을 가르치며 "고래 구다사이"(이것 주세요)만 했습니다. 그래도 뭘 또 자꾸 물어보더라구요. 식표를 자동판매기로 파는 식당이 있는데 거기 가면 메뉴 식표를 사서 식표만 주면 되니까 주로 자판기 식표를 파는 식당만 갔습니다. 밥 먹을 시간만 되면 즐거운 게 아니라 괴로웠습니다. 언어가 안 통하는 게 이렇게 고통스러운 것인 줄 처음 알았습니다. 알아들을 수 있는 말을 상대방에게 할 수 있다는 것 감사할 일입니다.

땀구멍의 역할

땀구멍은 거의 온 몸에 나 있으며 보통 하루에 호흡과 함께 600ml의 수분을 배출하지만 심한 운동을 하게 되면 6리터까지 수분을 배출 할 수도 있습니다. 그래서 운동을 많이 하면 체중이 확 주는데 살이 빠졌다기보다 수분이 빠졌다고도 볼 수 있습니다. 추울 때는 땀구멍이 닫혀서 땀이 나오지 못하게 하고 더울 때는 땀구멍이 열려서 땀이 많이 나오게 해 체온을 낮춰줍니다. 아토피 피부병은 이 땀구멍의 피부 호흡이 안돼서 생긴 병입니다.

소중한 산

육지에서 아직 사람들이 개발하지 않은 땅은 산뿐이 없습니다.

아파트와 상가를 짓고 길을 내고 놀이동산을 건설하고 골프장을

만들고 해서 평지는 거의 생활 시설들이 들어차 버렸습니다.

옛날 같으면 쓸모 없는 땅이라고 관심이 없던 산,

하지만 지금은 깨끗한 시냇물이 흐르고 산소를 내뿜어 주는 나무가 있어

자연을 완전히 만끽 할 수 있는 유일한 장소가 되었습니다.

이번 주말에 가까운 산에 한번 올라가 숨을 힘껏 들여 마셔 봅시다.

백금보다 중요한 지금

천호식품 김영식 회장은 자신이 가지고 있는 아이디어를 써먹지도 못하고 무덤까지 가지고 가는 사람이 많다고 말합니다.

아이디어를 다른 사람이 실용화시키면 저거 내가 생각했던 건데라고 해봐야 아무 소용이 없다는 겁니다. 아이디어를 가지고 있으면 지금부터 실행해서 현실로 만드는 게 중요합니다.

과거는 부도난 수표

미래는 언제 망할지 모르는 약속 어음

현재만이 현찰이다.

원더풀! 지구

우리 인간들은 우주인을 찾기 위해 다방면으로 노력해 봤지만 아직까지 우리가 알고 있는 생명체가 살 수 있는 곳은 오직 지구뿐입니다. 우주에는 사막의 모래알과 해변의 모래알 수를 다 합친 수보다도 많은 행성이 있다고 합니다. 상상이 가십니까? 그 가운데 유일하게 생명이 살 수 있는 곳이 지구라니 정말 원더풀한 지구입니다.

거울

거울이 있어 내 얼굴을 볼 수 있게 하심을 감사드립니다.

옛날에는 거울이 없어 동판을 갈아서 반짝이게 만들어 썼는데 이 동판도 그 당시에는 귀중한 물건이었답니다. 박물관에 가면 옛날 동판 거울이 있는데 잘 비춰지지도 않더군요.

그런 비춰지지도 않는 동판에 얼굴을 봤으니 얼마나 답답했겠어요. 현대적인 거울은 1508년 이탈리아 달가로우 형제가 유리 뒤에 은을 칠해 뒤가 보이지 않게 만들었다고 하네요.

75억 년 전

밤에 별이 없다면 얼마나 삭막할까요? 또한 이 별빛은 수십, 수백만 광년을 지나서 우리 눈에 비취니 이 얼마나 신기한 일인가요? 빛이 1년 동안 가는 거리가 1광년인데 2008년 3월 19일 75억 광년이나 떨어진 목동자리에서 일어났던 폭발이 맨눈으로 관측되었다고 하는군요. 75년도 놀랄 일인데 75억 년 전에 일어났던 폭발의 빛을 이제야 우리 눈으로 보다니 이거 뭐라 말하기도 기가 막히네요...

하나님의 사랑

바다 수면 위에서는 엄청난 크기의 파도가 배들을 집어 삼키지만 바다 깊은 곳에는 움직임이 별로 없다고 합니다. 이와 마찬가지로 우리 눈으로 보기에는 우리에게 일어난 일들이 엄청나게 큰일이고 견디기 힘든 일로 보이지만 하나님의 깊은 사랑은 그 가운데서도 우리에게 변함없이 진행되고 있답니다.

면역력

한국에 구제역이 발생해 몇 백만 마리의 소, 돼지를 살처분 했고 국가적으로 엄청난 피해를 입었습니다. 집에서 기르는 소, 돼지는 한정된 공간에서 운동할 공간도 없고 농가에서 주는 사료만 먹어 면역력이 약해져 구제역이 치명적이지만 험한 산을 뛰어 다니며 스스로 먹이를 찾는 멧돼지에게는 구제역에 잘 걸리지 않고 걸리더라도 증상이 가볍다고 합니다. 고난의 긴 터널 속에 있습니까? 이건 하나님이 우리들의 면역력을 키우기 위한 것은 아닌지 생각해 봅시다.

9,999번의 성공

에디슨이 전구를 만들기 위해 대략 10,000번의 실험을 했습니다.
그런데 9,999번째 실험까지도 에디슨은 결코 실패했다고 말하지 않고
전구를 만들어내지 못하는 방법 9,999가지를 알아냈다고 말했습니다.
우리들도 실패했을 때 성공하지 못하는
방법을 알아냈다고 생각하면 어떨까요?

감사와 고난

죄책감은 어떤 일을 하고자 하는 의욕을 떨어뜨리고 그 상황을
피하려고만 하게 되어 현재 하나님이 우리에게 말하고자 하는 것을 알 수
없게 될 뿐 아니라 상황이 더 엉클어지게 됩니다.
하지만 감사하는 가운데 자연스럽게 우리에게 찾아온 고난의 의미를
알고 죄책감에서 벗어날 수 있습니다.

링컨과 성경

링컨의 어머니는 아들이 말하기 시작했을 때부터 매일 성경을
읽어주었습니다. 링컨이 10살 때 어머니가 세상을 떠나기 전에
"사랑하는 내 아들아 매일 성경을 읽어라, 인생의 위기가 닥칠 때 더욱
열심히 성경을 읽어라. 내 삶의 기준을 하나님 말씀에 두고 살아라."라고
유언을 남겼습니다. 그 후 성경 말씀대로 열심히 산 링컨은
드디어 미국 대통령이 되었습니다.
"성경은 이 세상에서 유일한 책이며 하나님께서 주신 최고의 선물입니다.
세상의 구주는 성경을 통하여 그 분의 선한 모든 것을
우리에게 나눠 주십니다"라고 링컨은 말했습니다.

사랑과 집착

처음에는 사랑으로 시작해서 자기도 모르는 사이에 집착하게 됩니다.
자신은 사랑한다고 생각하지만 어느덧 그 사랑은 집착이
되어 버린 때가 많습니다.
사랑으로 집중하다가 집착으로 변해 있는지 돌아봅시다.

하루 24시간

만약 하루를 23시간 55분이라고 잘못 계산했다면 시간이 밀리고 밀려서 120일 후에는 오후 1시 정도에 밤이 되고 조금 더 지나면 오전 9시 쯤이 밤이 되겠지요. 지구의 자전이 정확히 24시간이라는 것을 어떻게 알았을까요? 우리는 그냥 24시간인줄 알고 시계만 보면 되지만 옛날에 처음 24시간을 알아내려 했을 때는 여간 힘든 일이 아니었을겁니다.

행복한 환상

지치고 힘이 들 때 눈을 감거나 누워서 자신이 가장 행복했던 때를 떠 올려 봅시다. 그러면 힘들고 지쳤던 마음이 위로 될 겁니다. 가난한 엿장수의 딸로 태어나 한국에서 가발공장을 다녔던 서진규 씨는 1971년 홀로 미국에 건너가 이혼 등의 시련 속에서 미군 소령을 거쳐 2006년 하버드 대학 박사학위를 받았습니다. 서진규 씨는 어려울 때, 시련을 이기고 성공해서 다른 사람이 자신을 환대해 주는 환상을 마음속에 그리면서 고난을 이겼다고 합니다.

따라하기

보통 TV에서 하는 특강이나 목사님이 설교하는 것들 중에 자신에게
실제로 적용해 봐야겠다는 것들이 있지만 실천해 보는 것은
극히 일부분입니다. 고등학교만 나와서 무작정 홀로 미국으로 건너가
하버드 박사학위까지 받은 서진규 박사는 TV에 나온 사람들의 성공담이나
저렇게 하면 좋을 것 같다고 생각하는 것들을 귀로만 듣고 흘려버리지
말고 자신이 할 수 있는 방법을 다 동원해서 하나 하나
자신의 삶에 적용해 보라고 말합니다.

완벽한 기획은 없다

어떤 기획이라도 완벽한 기획은 없습니다. 모든 기획을 과도기라고
생각하고 더 발전시켜 나갈 수 있습니다.
여태까지 짜냈던 어떤 아이디어든 더 보완해서 발전시키면
완전히 다른 아이디어가 될 수 있습니다. 자신의 기획이 여기서 끝났다고
생각하지 말고 그 기획을 다시 변형시키십시오.

식사기도와 감사 연습

식사기도를 할 때 사실 저도 남이 볼까봐 한 3초 정도로 끝내고
"내가 무슨 기도를 했지?" 하는 생각이 들 때가 많습니다.
먹거리 소개하는 TV 프로그램에서 보면 맛있다고 하는
사람들의 표정이 "정말 어떻게 저런 즐거워하는 표정이 나오지?"
하고 생각될 만큼 기쁜 표정이 나옵니다.
그만큼 먹는다는 것은 사람에게 기쁨이 되기 때문에 감사
연습하기가 제일 좋은 것 같습니다.
감사하고 밥을 먹으면 음식이 몸에 들어가 좋은 성분으로
변한다고 합니다. 또 하나 좋은 점이 있습니다.
주로 식구끼리도 다툴 일이 생기면 밥상에서 제일 많이 싸우는데
감사기도를 하면 밥상머리에서 싸우는 것을 예방해 준답니다.

콩나물과 숙주나물

상대방의 마음을 이해하고 깨닫기 위해서는 좀 더 세심한 생각이 필요하다는 생각을 한 적이 있습니다. 제가 밖에 나갈 때 어머니가 콩나물을 사오지 말고 숙주나물을 사오라고 해서 "왜 맛 없는 숙주나물을 사나 콩나물을 사지?" 하고 콩나물을 사갔더니 어머니가 그때서야 이가 안 좋아서 콩나물을 씹을 수 없어 숙주나물을 사오라고 했다고 합니다. 난 그냥 어머니가 숙주나물이 좋아서 맨날 숙주나물을 사오나보다 생각했었습니다. 사람을 이해한다는 것 쉬운 일이 아니더군요.

죽음을 이긴 천국

천국이 있어 우리가 죽음을 두려워하지 않음을 감사드립니다. 만약 천국이 없었다면 우리가 어느 곳으로 가는지 몰라 두려워했을지도 모릅니다. 그러나 우리가 죽음을 두려워하지 않는 것은 영원한 천국이 있기 때문입니다. 천국이야말로 죽음도 이긴 승리라고 할 수 있습니다.

핸즈프리

전 이상하게 핸드폰을 5분 정도만 써도 핸드폰을 댄 반대 쪽 머리 부분이 띵~해져서 핸드폰을 오래 쓰지 않는 편입니다.

생각 끝에 핸즈프리를 연결해서 사용하고 나서는 핸드폰으로 통화한 후에도 두통이 생기지 않았습니다.

핸드폰을 쓰면 "건강에 좋지 않네, 건강과는 무관하네."하면서 말이 많았는데 요새는 국제보건기구(WHO)에 속한 국제암연구소에서 "휴대폰을 사용하는 경우 뇌종양 발생 위험이 증가한다"라고 밝혔습니다. 그러니까 여러분도 핸드폰을 쓸 때 핸즈프리를 사용하고 통화는 간단히 하는 게 좋을 듯 하네요.

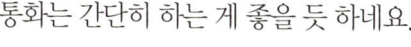

공인중개사

옛날에 집, 토지 등을 매매해 주는 사람을 거간이라고 했는데 복덕방은
거간에서 유래했습니다. 해방 이후 복덕방은 노인들의 소일거리로
손님이 찾아오면 다리품을 팔아 담배 값 정도 받고 중개해 주었습니다.
60년대 이후에는 조금씩 전문적인 부동산이 나오기 시작했고
1984년부터는 공인중개사 자격증이 생겨 이 자격증이 있어야
중개업을 할 수 있게 되었습니다.
부동산의 경우 전자제품 같은 작은 일반 제품들과 달리 거액의 현금이
오가기 때문에 계약이 잘못되었을 시에는 큰 손해를 볼 수 있습니다.
그렇지만 전문적인 지식을 가지고 있는 공인중개사가 있어서
우리가 집을 안심하고 계약할 수 있습니다. 계약금, 계약서 등에 문제가
생길 때에는 공인중개사에서 일정 부분 책임을 지기 때문에
그 만큼 공인중개사도 정확히 계약을 중개해 주지요.

분노의 침전물

요새 한국 청소년들이 평소 대화에서 욕설을 많이 사용해 사회 문제까지
되고 있습니다. 미국 워싱턴대학 심리학과 엘마 게이츠 교수는 화내는 것,
짜증, 욕이 사람에게 얼마나 나쁜 영향을 미치는지 알아 보기 위해
실험을 했습니다. 사람들이 말할 때 나오는 침 파편을 모아 분석했는데
사람의 감정 상태에 따라 침 파편의 색깔이 달랐습니다.
평상시에는 무색이었다가 사랑한다는 말을 할 때는 분홍색,
짜증이나 화를 낼 때, 욕을 할 때는 갈색이 되었습니다.
이 갈색 침의 침전물을 모아 실험용 쥐에 투여했더니
쥐가 몇 분 만에 죽고 말았습니다.
그는 이 물을 분노의 침전물이라고 이름 붙였습니다.
이와 반대로 감사와 기쁨은 건강에 상당히 이로운 물질인
엔돌핀을 만들어낸답니다.

지구라는 우주선

지구는 자전을 하는데 적도는 초당 460m의 속도로 돌고 한국이 있는 위치는 초당 370m 정도의 속도로 돕니다. 자전 속도만 해도 음속을 넘는 속도로 돌고 있습니다. 거기다가 지구의 공전 속도는 이보다 더 빨라서 팬텀기의 40배 속도인 초속 29km로 공전합니다.
이렇게 빨리 돌아가는 둥그런 지구 위에서 아무 일 없이 걸어 다니고 건물들이 무너지지 않는다는 것은 엄청난 기적입니다.

세탁기

이등병일 때 겨울인데도 휴일이면 부대 뒤 개울에 가서 빨래를 했습니다.
영하 10도도 넘는 날씨에 빨래를 하면 손에 감각이 없어집니다.
이젠 세탁기가 있기 때문에 그렇게 빨래 할 필요가 없습니다.
세탁기에 넣어서 돌리면 물기가 쫙 빠져서 말려서까지 나오니 노인도 간단히 세탁기로 빨래를 할 수 있습니다.

나무 감사 55

시크릿 가든

감리교 신학대학 김영래 교수님의 설교 내용 중에 설교도
두 번, 세 번 들어야 그 뜻을 알 수 있다고 합니다.
자기 자신도 같은 설교를 세 번쯤 하고 나서야 "아! 이게 그런 말이구나."
하고 이해가 된답니다. 집에 딸 둘과 부인이 '시크릿 가든'이라는
드라마를 너무 재미있게 보길래 내용이 어떻게 된 거냐고 물어보고
또 물어보니까 딸들이 "우리 집중해서 봐야 하는데 아빠는 따로 봐!"라고
해서 그냥 조용히 구석에서 봤다고 합니다.
자신은 그 드라마를 지나가다 드문드문 관심없이 봤기 때문에 재미가
없었지만 드라마를 계속해서 보고 재방송까지 보았던 딸들과 부인은
그 줄거리를 알기에 '시크릿 가든'을 재미 있게 본 것이라고 말합니다.
신앙도 마찬가지로 매일매일 기도하고 성경 보고 하나님께 관심을 가져야
신앙의 재미를 느낄 수 있습니다.

단맛

일본어에서 "맛있다"라는 말을 "우마이"라고 하고 "달다"라는 말은 "아마이"라고 합니다. 이것은 아마 단 것은 당연히 "맛있다"라는 생각이 들기 때문에 비슷한 말로 쓴다고 추측됩니다. 만약 단맛이 없었다면 이 세상은 좀 삭막했을 겁니다. 짠맛, 신맛, 떫은맛, 쓴맛만 있었다면 사는데 무언가가 빠진 듯한 느낌이었겠죠?
단맛을 주신 하나님께 감사드립니다.

마이크

베드로가 한 번 설교하면 3천 명씩 회개했다고 하는데 "얼마나 설교를 잘 했으면 그랬을까?" 하는 생각이 듭니다. 그렇게 사람들이 많은 데서 설교하려면 큰소리로 설교를 해야 하기 때문에 항상 베드로의 목소리는 쉬어 있었을 겁니다. 그러나 지금은 마이크가 있어 그렇게 큰소리로 설교하지 않아도 잘 들려 목사님도 편하고 성도들도 앉아서 설교를 잘 들을 수 있어 편리합니다. "아! 어쨌거나 열정적인 베드로의 설교 한번 들어보고 싶다."

은행

돈 많고 구두쇠인 사람이 돈이 든 항아리를 땅속에 묻어 놓고 남이 안 볼 때 한 번씩 열어 보다가 도둑에게 들켜 돈을 다 도둑맞았다는 옛날 이야기가 있습니다.

집 안에 몇 천 만원, 몇 억씩 현금이 있다면 밖에 나가서도 신경이 쓰여 일이 안 되고, 집에 있어도 도둑맞을까 불안할 겁니다.

지금은 은행이 있어서 우리 돈을 전부 지갑에 가지고 다니거나 집안 서랍이나, 장롱 등에 보관하지 않고 안전한 은행에 보관할 수 있습니다. 또 그 은행 지점이나 현금지급기에서 돈을 찾을 수 있어 편리합니다.

감사의 과학

감사하면 뇌 좌측의 전전두피질이 활성화되어 스트레스를 완화시켜 주며
행복하게 만들어 준다는 것을 미국 심리학자들이 오랜 연구 끝에 과학적으로
입증했습니다. 미국 마이에미대 심리학 교수 마이클 맥클로우는
"잠깐 멈춰서서 우리에게 주어진 감사함을 생각하는 순간 당신의 감정은
두려움에서 탈출해 아주 좋은 상태로 이동하게 되며 승리에 도취된 감정과
유사한 감정을 만들어 낸다."라고 말합니다.
왜 감사한지를 생각하고 꼽아보고 음미하는 게 효과적인데 감사를 하면
다른 사람과 연결되어 있다는 안정감을 준다고 합니다.
UC 데이비스 대학의 로버트 에몬스 심리학 교수는 감사하는 사람은
매사에 적극적이며 다른 사람과 맞닿아 있다고 느낀다고 합니다.
감사는 생리학적 스트레스 완화제로 분노나 화, 후회 등의 불편한 감정을
덜 느끼게 하며 뇌의 화학구조와 호르몬이 변하게 하여 신경전달물질 등이
바뀐다고 합니다. 12살에서 80살까지의 사람들에게 감사 일기를 쓰게
했더니 감사 일기를 쓴 사람 중 4분의 3은 행복 지수가 높아지고 수면이나
일, 운동 등에 더 좋은 성과를 나타냈다고 합니다.

2. 구름 감사

칭찬

사람이란 이상합니다.

자신을 칭찬해 준 그 칭찬이 잘 잊어지지 않습니다.

칭찬 들은 말은 30년이 지나도 잊어지지 않을 정도로 칭찬은

정말 자신에게 힘을 줍니다. 천호식품의 김영식 회장은

아침에 일어나서 거울을 보면서

"영식이 잘생겼다. 볼수록 잘생겼단 말이야."라고

자기 자신을 칭찬 한답니다

또 조수미 씨는 83년부터 21권 째 일기를 쓰고 있는데 매일 쓰는

일기 맨 앞에 자신에 대한 격려를 쓴다고 합니다.

"너 참 오늘 잘했어 정말 노래 잘 불렀어."하고 말입니다.

"나도 한번 나 자신을 격려해 볼까?"

뇌와 신경회로

우리 뇌는 수천억 개에 달하는 신경세포(뉴런)로 이루어져 있으며 한 개의 신경세포는 다른 신경 세포와 약 1천에서 10만 개까지의 회로로 연결되어 있습니다.

즉 인간의 뇌에는 백조에서 1경 개에 달하는 천문학적인 신경회로가 존재한다고 볼 수 있습니다.

머리를 많이 쓰면 신경회로의 소통이 활발해져서 신경회로가 새로 만들어지지만 안 쓰면 이 신경회로가 사라지게 됩니다.

그러니까 머리도 쓰면 쓸수록 좋아진다고 할 수 있습니다.

생활 속에 매일 접하는 새로운 자극과 나은 삶을 위한 노력은 뇌세포에 신선한 자극이 된답니다.

바람과 항아리

중국 속담에 "바람이 불면 항아리 장사가 잘된다"는 속담이 있답니다.
아무리 생각을 해봐도 항아리와 바람은 아무 연관이 없을 것 같은데
왜 이런 속담이 있는 걸까요?
그 이유는 이렇습니다. 중국은 예로부터 황사가 많이 불어서
눈병 생기는 사람이 많은데 그 당시 의술로는 치료하기가 힘들어
맹인이 되는 사람이 많았다고 합니다. 맹인이 되면 안마사로
나서는 사람이 많아지게 되고 그러면 맹인이 불고 다니는 피리가
고양이 가죽을 이용해서 만들기 때문에 고양이를 많이 잡아야 하고
고양이를 많이 잡으면 쥐가 많아져서 날뛰게 되어 그 쥐를 잡으려고
몽둥이로 내려치다가 항아리가 많이 깨져 항아리가 잘 팔린다는 말입니다.
즉 아무런 관계가 없는 것 같지만 따지고 보면 다 연관이 된다는 뜻입니다.

시나리오

연극이나 영화를 만들기 전에 시나리오를 씁니다. 하찮은 영화 한 편을 만드는데도 시나리오를 쓰는데 우리 인생을 사는데 시나리오가 없다니 안될 말입니다. 자신의 시나리오가 없으면 남이 나를 지배하게 됩니다. "성공을 바인딩 하라"의 저자 강규형 씨는 자신의 계획서 한 장으로 인해서 연봉을 4억 받았다고 합니다.

리모콘

옛날 TV는 채널을 손으로 돌리는 방식이었습니다.
그래서 채널을 돌려 다른 방송을 보고 싶지만 TV에 다가가기 귀찮아서 보고 있는 채널을 그냥 보기도 했습니다. 지금은 리모콘이 있어 TV에 직접 다가가지 않고도 100채널이고 200채널이고 리모콘으로 마음껏 돌릴 수 있습니다. 리모콘 한 번 누를 때마다 감사!

닉 부이치치

세계를 돌아다니면서 300만 명에게 강연을 한 닉 부이치치는
태어날 때부터 팔, 다리가 없고 있는 것이라고는 짧게 나온
발가락 몇 개입니다.

발가락으로 컴퓨터를 능숙하게 다루며 수영과 서핑, 축구 등
거친 스포츠도 즐기는 그는 이렇게 말합니다.

"좋은 직업을 갖거나 TV 스타가 되지 않아도 하나님은
상관없이 당신의 현재 모습 그대로를 사랑하십니다.
현재를 감사하고 내가 무엇을 할 수 있나 찾아 보십시오"

평범한 삶의 행복

미국 세인트루이스에서 가발 가게를 하던 이옥자 씨는 우연히
산 로또에 당첨되어 265억이라는 거금을 받았습니다.
1997년에는 "백악관 만찬 때마다 클린턴 대통령의 옆자리에 앉는
동양계 여성이 누구인가?"라고 미국 언론에 보도되어
사교계의 신데렐라라고 불리웠던 이옥자 씨, 하지만 많은 기부와
투자 실패로 8년 만에 돈을 다 날리고 지금은 가재도구도 없는
임대주택에서 정부 보조금으로 살고 있습니다.
돈이 많을 때는 문지방이 닳도록 드나들던 많은 사람들도
이제는 찾아오지 않습니다.
그러나 그는 이렇게 말합니다.
"로또 당첨 된 직후에는 집을 나와 피신해서 저녁마다
호텔을 옮겨 다녔으며 그 동안 수많은 협박에 시달렸습니다.
오히려 대저택에 살았을 때보다 편히 잠을 잘 수 있는 요즘이 편해요"

색깔

개는 색상을 구분하는 원추세포가 적어서 흑백으로 세상을 본다고 합니다. 개가 눈 오는 것을 그렇게 좋아하는 이유가 흑백으로 인식돼서 눈 내리는 것이 마치 불꽃놀이 하는 것처럼 보이기 때문이라고 합니다.
동물 대다수가 색맹이라고 하니, 노란색도 고맙고, 빨간색도 감사하고, 초록색은 반갑고 하늘색은 더더욱 소중하네요.

구름과 비

구름은 수증기 알갱이들이 모여서 만들어진 것인데 수증기 알갱이들이 무거워져서 더 이상 지탱하지 못하고 내리는 것이 바로 비입니다.
만약 물이 더워져서 수증기와 구름으로 변하지 않는다면 이 세상의 물은 모두 바다에만 몰려 있을 겁니다. 사람들이 이 물을 퍼다가 산 위에 있는 나무들에게 주지 않아도 알아서 구름들이 뿌려주니 이 얼마나 놀라운 자연의 섭리입니까! 구름 즉 비가 없는 세상은 상상할 수도 없습니다.

"나도 할 수 있다"

아들이 태어나길 바랐던 종가집에서 집안의 기대를 저버리고
딸로 태어난 김태연 씨는 집에서 갖은 구박을 받았고 결국 동생의
자살로 미국으로 이민을 결심했습니다.
미국인과의 이혼 등의 역경을 딛고 미국에서 2005년, 2006년
다니고 싶은 회사 1위에 뽑혔던 라이트하우스라는 기업을
성공시킨 김태연 씨는 이렇게 말했습니다.
"저는 버스를 탈 줄 알고, 전화를 걸 줄 알고, 화장실에 갈 줄 알고,
입에 밥을 떠 넣을 줄 아는 사람이라면 자신의 인생을 운전할 수
있는 사람이라고 봅니다. 왜 할 수 없다고 생각하는 거죠?
꿈을 가지고 마음속에 그리면서 할 수 있다는 생각을 하면
성공할 수 있습니다…
그도 할 수 있고, 그녀도 할 수 있는데
왜 나는 안돼요?
(He Can do, she Can do, why not me?)" 「레이디경향 인터뷰」

피뢰침

번개가 한 번 내리칠 때의 전압은 1~10억 볼트에 이르는데 이러한 어마어마한 양의 전압이 우리 집 위로 떨어진다고 생각해 보세요. 등골이 오싹해지지 않습니까? 비오는 날도 번개 치는 날도 걱정 없이 지내고 높은 건물을 많이 지을 수 있는 것도 알고 보면 피뢰침 덕분인지도 모릅니다.

도서관

서점에서는 책을 앉아서 보기가 힘든데 도서관에서는 책상에 앉아서 읽을 수 있고 아예 책을 빌려서 집에서도 볼 수 있습니다.
책뿐만 아니라 교양 비디오, 영화, DVD 등을 무료로 빌릴 수 있습니다. 공부하는 학생들은 도서관에서 공부를 하고 유아들은 유아실에서 동화책을 마음대로 읽습니다. 일반서점과 달리 유행이 지나거나 많이 팔리지 않았던 좋은 책도 비치되어 있어서 더욱 좋습니다.
"조만간 도서관 한 번 가 볼까?"

히딩크 감독 '님'

2002년 월드컵에서 한국을 4강까지 이끌어 월드컵 사에 큰 획을 그은 히딩크 감독! 그는 한국 선수들이 선후배 관계에 있어서 후배는 선배에게 자신의 주장을 말하지 못하는 점이 경기를 하는데 큰 약점이 될 수 있다고 생각하고 선후배끼리 서로 섞어 앉아 식사를 하도록 했습니다. 그런 자유분방한 영향 때문인지 선수들이 기자들과 인터뷰할 때도 "히딩크 감독이" 하는 식으로 "님"자를 붙이지 않고 인터뷰 했습니다. 거기서 난 "저러면 안 될텐데 한국적인 정서에서는 자기 스승인 히딩크를 감독님이라고 해야 할텐데 히딩크는 그걸 알까?" 하는 생각이 들었습니다. 그런데 거기서도 감독 '님' 자를 붙인 선수가 몇 명 있었습니다.

그 두 선수가 바로 박지성과 이영표 선수였습니다.

우연의 일치일까요? 히딩크 감독은 그 두 사람을 스카우트해서 네덜란드의 아인트호벤팀으로 데리고 갔고 그 두 사람은 얼마 안 있다가 그 당시 세계 최고 리그인 영국 프리미어 리그로 스카우트 되었습니다.

히딩크가 인터뷰할 때 자신에게 '님' 자를 붙였던 걸 알았던지 몰랐던지 간에 그에게 감사와 존경을 표현했던 사람들을 스카우트해 갔던 겁니다.
하나님도 마찬가지 아닐까요?
하나님께 감사하고 존경하는 사람을 밀어주고 스카우트하지 않을까요?

그 바보

드라마 "그저 바라만 보다가"에서 유명한 배우 한지수의 애인
김강모는 자신의 야심을 위해 한지수와 헤어졌다는 것을
다른 사람에게 확인해주려고 한지수와 한지수 팬이었던 구동백을
미리 이혼 도장 찍어주고 결혼하는 서류 결혼을 하게 만듭니다.
진심으로 대가 없이 한지수를 도와주고 싶었던 구동백이
김강모 때문에 한지수가 힘들어 할 때 위로해 주며 하는 말
"세상에 다 나쁘기만 한 일은 없답니다."
(결국 한지수가 구동백을 사랑하게 되어 진짜 결혼하게 됩니다.)

방충망

세상에서 사람을 가장 많이 죽게 만드는 생물이 무엇일까요?
독사, 사자, 호랑이, 코끼리가 아니라 의외의 곤충 모기입니다.
전 세계에서 한 해 모기로 인해 사망하는 사람이 2백만 명이나 된다고
합니다. 모기가 흡혈할 때 모기 안에 있던 전염성 세균이 사람에게
옮겨져 치명적인 질병을 일으키기 때문입니다.
지리산에 놀러 갔을 때 개울 근처에 있던 민박집 밖에는 나방 등 곤충이
엄청나게 많았는데 민박집 안에는 곤충이나 모기가 한 마리도 없었습니다.
그래서 "이상하다?"하고 창문을 보니 방충망이 엄청나게 촘촘하게
되어 있어 모기들이 들어 올 수가 없었습니다.
요새 온난화로 가을에 모기가 갑자기 늘어나 밤마다 모기와의 전쟁을
치르는 곳이 많습니다. 방충망이 없었다면 한여름에 창문을 열어 놓지도
못한 채 후덥지근한 방에서 더위와 싸워야 했겠지요?
방충망이 있다는 것 고마운 일입니다.

라면 땡기는 날

정독 도서관 앞 라면가게가 유명해서 몇 번 가본 적이 있습니다.
가게에 들어가보면 좌석이 6개 정도 뿐이 없어 좁고 불편합니다.
그런데 왜 많은 사람들이 점심시간이 되면 줄을 서가면서까지 라면을
먹는 걸까요? 가게에 앉아서 생각해 봤는데 특별한 것은 없었지만
단지 그 가격으로는 먹을 수 없는 푸짐함이 있는 듯 했습니다.
라면 안에 오징어, 게맛살 등이 들어가 두 배 정도 가격을 받아야
되지 않을까 하는 생각이 들었습니다. 거기서 라면을 먹고 나오면
약간 미안해서 그릇을 알아서 치우기도 합니다.
끓이는 것도 직원에게 맡기면 맛이 달라진다고 뚝배기 그릇에
직접 라면을 끓이는 아주머니가 기억납니다.
그 가게의 인기 비결은 그 가격으로 도저히 먹을 수 없는
푸짐함에 있었습니다.

바다의 고마움

이 지구상에 바다가 있게 하심을 감사드립니다.
만약 지구에 육지만 있었으면 참치, 고등어, 조기, 게, 조개, 꽁치, 오징어,
전복, 갈치 등의 맛있는 해산물들을 먹을 수 없을 뿐만 아니라 소금을
얻지 못해 사람들이 생명을 유지하기 힘들었을 겁니다.
이 바다에 있는 엄청난 양의 식물성 플랑크톤들이
태양 빛을 받아 광합성 작용을 하여 많은 양의 산소도 만들어낸답니다.

기상예보

기상 예보가 있음을 감사합니다.
옛날에는 주로 농사를 지었기 때문에 날씨에 대해 엄청나게 민감했지만
앞날의 기상 상황을 제대로 알기가 힘들었죠. 하지만 기상예보 기술의
발달로 농사지을 때나 놀러 갈 때 출근하기 전 일기예보를
미리 알 수가 있어서 편리합니다.

신기한 인쇄물

인쇄물을 보면 어떻게 해서 사진과 똑같이 인쇄 되어져서 나오나 하는 생각이 듭니다. 칼라 인쇄물은 보통 4도 인쇄를 하는데 파란색, 노란색, 빨간색, 검정색을 돌려서 칼라가 나옵니다.

그런데 각각 색깔의 핀트가 아주 딱 맞아 떨어져야 우리가 볼 수 있는 선명한 인쇄물이 나오는데 핀트가 1mm라도 안 맞으면 그 인쇄물은 폐기해야 합니다. 사실 전 아직도 인쇄소에서 칼라로 인쇄되어 나오는 것을 보면 상당히 신기합니다.

책, 카다로그, 신문, 광고 등 우리가 원하는 것을 인쇄물로 볼 수 있음을 감사합니다.

형광등

옛날에 가난한 사람이 반딧불과 눈빛으로 공부를 했다는 형설지공이라는 이야기가 있지만 지금은 그냥 형광등만 켜면 됩니다. 형광등이 있어 밤에 책을 보기도하고 여러 가지 일을 할 수 있음을 감사합니다.

하나님의 응답

행복을 좋은 음식, 좋은 집, 좋은 경치에서만 느낀다면 상황이 바뀌어
질 때 그 행복은 떠나가고 말 것입니다.
행복은 그 현실을 어떻게 받아들이느냐에 달려 있습니다.
하나님의 관점에서 바라보면 좋은 결과만이 좋은 응답은 아닙니다.
좋은 결과만이 좋은 응답이라고 생각하는 것은 잘못된 생각입니다.
뒤를 돌아보면 사실 하나님을 제대로 만난 때는 기분 좋은 때,
모든 일이 잘 풀릴 때보다는 앞길이 막막해서 눈물을 흘리고 있을 때
하나님을 제대로 만났다는 것을 깨닫게 됩니다.

한글

옛날에 우리 민족이 말로는 한글을 쓰면서 글은 한문을 썼으니 얼마나
답답했을까요? 드디어 훈민정음이 나오면서 하는 말과 쓰는 글이 같아
진 겁니다. 이 얼마나 기쁜 일입니까? 한글을 발명하지 못했다면
아직도 한문만 쓰고 한문이 아닌 글은 영문을 음만 빌려 쓰고
있었을지도 모릅니다.

나도 10억짜리 차가 있어

어느 목사님은 거리에 팔려고 내다 놓은 옷들도 다 자기 옷인데 장소가
좁아서 잠깐 다른 사람에게 맡겨 놓은 거라고 생각한다고 합니다.
은행의 돈도 자기 것인데 은행에 맡겨 놓은 것이라고 생각한다고 합니다.
우리도 10억짜리 람보르기 차가 있지만 오늘은 집에 두고
지하철을 탄다고 상상해 봅시다.
그럼 10억짜리 차가 있는 것과 마찬가지가 아닐까요?

시멘트

케냐에서는 쇠똥과 짚을 섞어 집 벽을 만든답니다. 옛날에 우리나라에서도
초가집 벽은 흙으로 만들고 지붕은 이엉을 엮어서 올렸습니다.
흙 재료만 가지고는 빌딩이나 높은 아파트를 지을 수 없지만 시멘트처럼
튼튼한 재료가 나와 가능하게 된 것입니다. 시멘트가 있어 쉽게
튼튼한 집을 지을 수 있음을 감사합니다.

짝짓기

TV방송에서 어느 한 회사 오너에게 가장 중요하게 생각하는 좌우명이
뭐냐고 물었더니 "묶어서 생각하는 것, 짝을 짓는 것"라고 했습니다.
그 말을 처음 들었을 때는 "그까짓 게 뭐가 중요하단 말이야?" 하고
생각했는데 자꾸 그 말을 음미해 보면 정말 중요한 것이라는 것을
깨닫게 됩니다. 서커스에 예술을 접목한 '태양의 서커스'가
대히트 치는 장르가 되었습니다.
어떤 책들을 묶어서 읽으면 서로 상승작용이 일어납니다.
코메디를 하던 사람이 사회를 보면 코메디 같은 사회를 볼 수 있습니다.
어떤 사람들과 같이 일을 하느냐에 따라서 성과가 전혀 달라집니다.
무엇을 같이 묶어주느냐에 따라서 전혀 새로운 상품이 될 수 있고
기발한 아이디어도 나올 수 있습니다.

옆 사람이 선생님

우리는 가까운 사람의 불행이나 성공에 대해 잘 관찰해 볼 필요가 있습니다.
가까운 사람은 장단점을 잘 알기 때문에 "아! 저렇게 하면 실패 하는구나
아! 저렇게 하면 성공하는구나."하는 것을 더 자세히 알 수 있습니다.
또 그 상황에서 나라면 어떻게 했을까 하는 것도 생각해보면 자신이
비슷한 상황에 처했을 때 대처해 나가기 쉬울 겁니다.
우리가 잘 아는 유명인들의 삶에서도 배울 것이 있습니다.
유명인들은 어느 정도 신상이 노출 되어 있기 때문에
"저 사람은 무엇 때문에 성공했다. 저 사람은 무엇 때문에 실패했다."를
판단할 수 있습니다. 또 어떤 경우에는 성공한 삶보다도 실패한 삶에서
더 배울 게 많을 때가 있습니다.
사실 실패가 성공보다 더 생생하게 사람 가슴에 와 닿기 때문입니다.

병원에서 감사하기

감사하는 마음이 들지 않는다면 잠깐 시간을 내서 종합병원에 가 봅시다. 젊은 사람 늙은 사람 가릴 것 없이 별의별 병명을 가진 사람들이 많고 병상에 누워 수술실로 급하게 옮겨지는 사람들의 모습을 보면 자신이 그렇게 불행하지만은 않다는 것을 알 수 있을 겁니다. 감사의 마음이 생기지 않는다면 병원에 10분만이라도 앉아 있어 보세요.

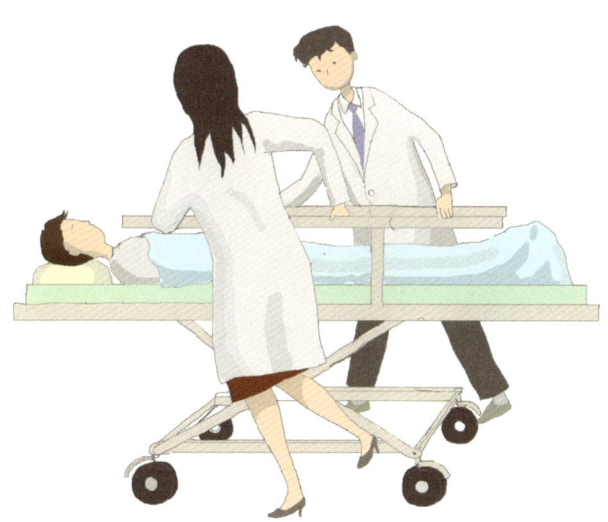

하나님이 찾고 싶은 사람

어느 편의점에서 신문 한 장 샀는데 점원이 "감사합니다."라는 말을 세 번 정도했습니다. 또 뭐 살 것이 있으면 거기서 사줘야지 하는 생각이 들었습니다. 편의점을 나와 잡화점에 가서 화인더 두 개를 샀는데 주인이 "감사합니다."라는 말을 하기는커녕 개 닭 보듯 꿈벅꿈벅 쳐다봤습니다. 혹시 내가 뭘 잘못했나 하고 생각해 봤는데 그 가게는 저번에 형광등 살 때도 똑 같았습니다. 그 가게에 다시 가고 싶은 마음이 나지 않았습니다. "하나님 입장에서 생각한다면 하나님이 만나고 싶고 다시 찾고 싶은 사람은 누구일까? 하나님께 감사하는 사람을 다시 찾아보고 싶어 하시지 않을까?" 하는 생각이 들었습니다.

글로 적은 목표

80년대 말 영화배우를 꿈꾸며 캐나다에서 미국으로 건너온 무명배우 짐캐리, 집이 없어 중고차 안에서 잠을 자야 했고 하루에 햄버거 하나로 끼니를 때우기도 했습니다. 단역을 전전하던 짐캐리는 어느 날 "이렇게 살아서는 안 돼!"하고 허리우드가 보이는 높은 곳으로 올라가서 수표 책을 꺼내 금액란 위에 1,000만불이라고 썼습니다.

1,000만불을 받을 때까지 노력하겠다는 각오로 그 가짜 수표를 지갑 속에 넣어 가지고 다녔습니다. 짐캐리는 1994년 '에이스벤추라' (출연료 45만 불)로 첫 주연을 맞고 '마스크'(출연료 7백만불), '덤앤더머'(출연료 7백만 불)에 이어 1995년 드디어 '베트맨 포에버' 로 1000만불의 출연료를 받게 되었습니다. 1973년 미국의 예일대학교에서는 졸업생들의 경제력에 대해 조사를 했는데 조사한 결과 3%의 학생이 나머지 97%의 학생들 재산보다 많았는데 그 3%의 학생은 1953년 예일대학의 "당신의 목표를 구체적으로 종이에 적어 놓았습니까?"라는 설문조사에서 "그렇다."라고 답한 학생들이었습니다. 그러니까 그 3%의 학생들과 나머지 97%의 학생들의 차이는 구체적으로 인생의 목표를 종이에 적어 놓았느냐 그렇지 않았느냐의 단순한 차이였던 것입니다.

사진기

르네상스 시대에 어두운 방안에서 벽에 거꾸로 비추는 상을 보고 화가들이 밑그림을 그렸습니다. 점점 그 방을 작게 만들다가 16세기 중반에 조그마한 상자에 작은 구멍을 낸 후 젖빛 유리를 부착해 휴대용으로 가지고 다니기 시작했습니다. 그런 식으로 발전하다 오늘날의 사진기에 이르게 된 것입니다. 현대에 와서는 디지털 카메라가 등장해서 필름 없이도 사진을 마음대로 찍을 수 있는 시대가 됐습니다. 제가 중학교 때 유화 그림을 한번 그려 봤는데 살색을 만들기 위해서 유화물감을 하루 종일 섞고 섞었습니다. 그러나 결국 살색을 만드는데 실패했습니다. 살색 하나 만드는 것도 그렇게 어렵다는 것을 그 때 알았습니다. 우리는 도무지 사진처럼 그림을 그릴 수 없는데 실물 형태와 색이 똑같은 사진을 찍을 수 있다는 것 감사합니다.

공기는 공짜다

인간에게 가장 필요한 공기는 공짜입니다.

다음으로 필요한 물도 엄청 쌉니다. 그리고 그 다음으로 중요한 것이 쌀인데 쌀도 다른 음식에 비하면 싼 편입니다.

인간에게 가장 필요한 것은 싸다는 것에 감사합시다.

감사 불변의 법칙

질량 불변의 법칙이 있습니다.

이 법칙은 '나무가 탔다고 나무가 없어지는 것이 아니라

가스와 재 등으로 변한 것이다' 라고 말합니다.

인간 생활에서도 질량 불변의 법칙이 적용되지 않을까요?

아주 나쁜 일이 일어났다면 그 뒤에는 좋은 점이 있고 아주 좋은 것 같이 보여도 그 이면에는 또 안 좋은 점이 있습니다.

우리가 모든 일에서 진짜 찾아야 할 것은 '감사' 라는 보화입니다.

소금

현재 소금은 고혈압 등의 이유로 나쁜 것, 안 먹어야 할 것으로 생각하고 있지만 만약 세상에 소금이 없다면 인간을 비롯해 99%의 동물이 멸종한다고 합니다. 옛날에는 소금을 얻기 위해 전쟁까지도 했고 로마 군인들은 봉급으로 소금을 받았습니다. 현재 소금은 제약, 세제, 제지 등 안 쓰이는 곳이 없을 정도입니다.
소금! 없어서는 안 될 것이네요.

금

금은 보통 다른 금속보다 단단하고 녹이 쓸 지 않아서 장신구, 치아, 반도체, 통신 부품 등에 많이 쓰입니다. 금은 유연하며 부식 되지 않고 전기전도율 또한 최고입니다. 작은 것도 큰 값어치가 있고 보관하기도 좋기 때문에 바로 돈과 같이 현금으로 취급되는 금속입니다.
실지로 금은 수천 년 동안 화폐로 사용되었습니다.
금은 우리 생활에 있어서 귀중한 보물입니다.

지하철 역

지하철을 타다 보면 지하철역이 그냥 역일뿐만 아니라
역마다 나름대로 추억이 서려 있습니다.
지하철에 애착이 가서 그런지 개인적으로는
"지하철 쉼표"라는 책까지 냈습니다
"이 역은 책방이 있는 역" "이 역은 이별 역"
"이 역은 인터넷 카페에서 사람들 만났던 역"
"이 역은 내가 살았던 동네"
"이 역은 형이 다니던 대학이 있던 역"
"이 역은 군대 제대할 때 회식하던 역"
지하철을 타다 보면 지금 내 머리 속에는 추억들이
역을 타고 돌고 있습니다.

눈물과 안구건조증

요새 많은 사람들이 안구 건조증이 걸려 눈이 안 좋아지고 있습니다. 일상 생활이 컴퓨터와 떼래야 뗄 수 없는 환경이 되었기에 눈이 혹사당하고 있기 때문입니다. 컴퓨터 화면에 집중하느라고 5초마다 깜빡이던 눈이 훨씬 긴 시간 동안 깜빡이지 않게 되어 눈물이 나오지 않아 눈이 건조해집니다. 눈물은 외부 오염물로부터 눈을 보호하고 각막에 미량의 산소와 영양을 공급합니다. 눈물이 이렇게 중요한 역할을 하는군요.

나누면 쉽다

일을 잘게 나누면 일이 쉬워집니다.
한 유명한 권투 선수는 15회를 뛸 때 15회 다 뛴다고 생각하지 않고
"1회만 더 뛰자" 또 라운드가 시작될 때 "1회만 더 뛰자" 하다 보면
어느덧 15회가 다 끝난다고 합니다.
술을 끊는 사람들의 모임인 단주동맹의 첫 번째 행동강령은
"술을 죽을 때까지 입에 대지 말자!"가 아니라 "오늘 하루만!" 입니다.
영원히 술을 끊어야 한다고 생각하면 금주를 시작하기도
전에 포기하기 쉽기 때문입니다.
전 하루에 10개의 글을 쓰는데 언젠가는 계획을 세워서 오전 9시까지 3개,
오전 10시 나가기 전까지 3개, 밖에 나갔다 와서 4개 그렇게 하니까
다섯 시간을 밖에 나갔다 왔는데도 평소 하루 종일 쓴 것과 같이
10개의 글을 쓸 수 있었습니다. 일을 나누어서 하면 훨씬 쉬워집니다.

모든 순간은 중요하다

축구에서 중요하지 않은 패스는 없습니다. 어느 패스가 골로 연결되는
시발점이 되는 패스인지 알 수 없기 때문입니다.
인생도 중요하지 않은 순간이 없습니다.
어느 때에 결정적인 기회가 올지 위기가 닥칠지 모르기 때문입니다.
축구에서 보면 대개 기회는 느닷없이 뜻하지 않은 순간에 찾아옵니다.
우리 인생도 보통 정해진 것에 의해서 바뀌는 것이 아니라
뜻하지 않은 계기로 달라진답니다.

감사를 모르는 사람

공자는 자신이 싫어하는 사람이 있는데 첫째, 다른 사람의 실패를
기뻐하는 사람이며 둘째, 앞에서는 굽신거리고 뒤에서는 욕하는 사람
셋째, 용기는 있으나 예의가 없는 사람 넷째, 은혜를 원수로 갚은 사람
곧 감사할 줄 모르는 사람이라고 했습니다.
그런데 그 중에 가장 싫어하는 사람이 감사할 줄 모르는
사람이라고 했습니다.

즐거운 스포츠

보통 남자라면 월드컵에 미치지 않는 사람이 없을 겁니다.
저도 여태까지 한국 월드컵 경기는 한 경기도 빠지지 않고 볼 정도입니다.
월드컵 기간 동안에는 월드컵에 참가하지 않은 나라나 참가하는 나라나
전 세계적인 축제가 됩니다. 2006년 월드컵 때는 월드컵에 참가하지도
않은 방글라데시의 한 대학교에서 기말고사를 월드컵 이후로 미뤄달라고
대학 총장실을 점거한 사건이 일어났고 정전으로 아르헨티나와
나이지리아의 경기를 보지 못하자 폭동도 일어났다고 합니다.
이 정도로 월드컵은 전 세계적인 축제입니다.
특히 2002년 월드컵 기간 동안에는 왜 진작에 이런 축제가 없었을까 하는
생각이 들 정도로 내 생애 최고의 축제를 본 듯합니다.
허리우드 영화를 보면 영화 가운데 미국 야구 결승전인 월드시리즈를
술집이나 식당에서 사람들이 구경하는 장면이 흔히 나올 만큼
미국 사람들은 야구를 좋아합니다.
야구는 요새 우리나라에서도 엄청난 인기입니다.
이미 우리 생활이 되어버린 스포츠가 있다는 것 감사할 일입니다.

여름은 즐거워

옷을 껴입지 않고 반바지만 입어도 무방하고 밖에 나가서 잘 수 있고 휴가 기분이 드는 여름! 어렸을 때는 운치 있고 크리스마스와 명절이 많은 겨울이 좋았지만 지금은 편하게 지낼 수 있는 여름이 좋습니다. 여름에는 제일 좋아하는 시원한 수박을 먹을 수 있고 산을 마음대로 다닐 수 있으며 낮에 해가 길어 늦게까지 놀 수 있습니다.

또 한가지 여름이 좋은 게 있어요.

여름에는 아파트 난방비가 안 나오거든요.(너무 현실적인 생각인가?)

지금 행복

더 예쁜 여자와 결혼했으면 행복했을까요?

돈이 많았으면 행복했을까요?

집이 150평 아파트였다면 행복했을까요?

10억짜리 차가 있었다면 행복했을까요?

성공했기에 행복한 게 아니라 행복하기에 성공한 것입니다.

206개의 뼈

어느 날 무릎을 만져보니 무릎 가운데 톡 튀어나온 뼈가 잡히는데
이렇게 단단한 뼈로는 무릎이 굽혀지지 않을 것 같아서 다시 밑으로
손을 더듬어보니 중간에 물렁뼈가 뼈를 잇고 있습니다.
자동차 부품이 조립되듯이 정확한 위치에 알맞은 크기로
맞물려 있는 것을 알 수 있습니다.
쭉 더 내려가면 발과 맞닿는 부분은 뼈가 더 잘게 나뉘어지면서
발가락으로 연결됩니다. 갈비뼈는 내장기관을 보호하기 위해
여러 개로 갈라져 몸통의 장기들을 보호하고 머리뼈는 몸에서
가장 중요한 뇌를 완전히 감싸 지켜줍니다.
여러분도 자기 몸을 더듬어가며 모양을 추측해보면
그것만으로도 놀랄 겁니다.

수돗물

아프리카에서는 먹을 물이 없어 흙탕물인 웅덩이 물을 소독하지도

않고 떠서 먹고, 통에 담아 집에 가져가서 먹습니다.

동물들이나 먹는 물을 마시고 전염병이 걸려 많은 사람들이 죽습니다.

얼마 전 인터넷에 띄워진 정말 믿을 수 없는 사진이 두 장 있었습니다.

소 오줌으로 머리를 감고, 소 오줌을 먹는 아프리카 소년의 사진입니다.

차라리 이 사진이 합성이기를 바란다는 댓글도 있었습니다.

생각해보니 우리가 수돗물을 먹을 수 있다는 것

한 번도 감사해 본 적이 없군요.

웃음의 힘

한 번 웃을 때의 운동효과는 에어로빅 5분과 맞먹는다고 합니다. 웃음은 병균을 막는 항체인 인터페론 감마의 분비를 증가시켜 바이러스에 대한 저항력을 키워주고 세포 조직의 증식에 도움을 주는 것으로 밝혀졌습니다. 개들은 사람처럼 "하하하"하고 웃는 게 아니라 약간 숨가쁜 소리로 웃는다고 하는데 개들과 놀아줄 때 개가 약간 흥분해서 "헐떡 헐떡"하는 소리가 개의 웃음소리라고 하는군요. TV의 한 프로그램에서 개 웃음소리를 서로 물어뜯고 싸우던 개들에게 녹음해서 들려주니까 바로 싸우지 않았습니다. 정말 신기하더라고요.

아침형 인간

일본의 다케우치 교수는 조금만 아침을 바꾸면 자신에게 할애된 시간의 "질"이 달라진다고 합니다. 그는 뇌세포가 활성화되는 이른 아침의 1시간은 낮이나 밤의 3시간에 맞먹기 때문에 오전 5시부터 8시까지는 '시간을 버는 시간' 이라고 말합니다. 여러분도 이른 새벽이나 아침에 아이디어가 많이 떠오를 겁니다. 하루는 누구에게나 24시간이지만 잘 활용하는 사람은 30시간 이상의 가치로 사용할 수 있습니다.

부자도 세 끼 먹는다

부자라고 하루 밥을 여섯 끼 먹지 않고 집이 커서 방이 24개 있다고 해서 잠 잘 때 30분마다 방을 옮겨 가면서 자지는 않습니다.
돈이 많다고 해서 특별한 공기를 마시면서 사는 것은 아니고 공기는 오히려 가난한 시골 사람들이 더 좋은 공기를 마실 확률이 높습니다.
TV를 보면 선진국의 부자 동네 아이들보다 오히려 가난한 저개발 마을의 어린이들이 해맑은 표정을 하고 있는 것을 많이 봅니다.
부자가 아니라고 슬퍼하지 마세요.

대단한 한글소프트웨어

처음 컴퓨터를 사서 자판기를 두드릴 때 "정말 각각 떨어진 글자를 하나씩 치면 이어져서 글자가 될까?" 하는 의구심을 가지고 글자를 쳐 내려갔더니 글씨가 되었습니다.

"받침이 없는 글자는 그냥 순서대로 치면 되겠지만 과연 받침 있는 글자도 받침이 뒤로 넘어가지 않고 만들어질까?" 하는 의문이 들었습니다. 받침을 쳐 내려가자 그래도 받침이 빠지지 않고 계속 글자가 만들어졌습니다.

"값, 많, 닭 등의 어려운 받침은 프로그램도 실수를 하겠지."라고 생각했지만 지금까지 받침이 틀리는 경우는 못 본 것 같네요.

"정말 대단하다. 한글소프트웨어!"

지금 이 글씨를 치면서도 신기합니다.

그래도 감사합니다

1993년 창원공단에서 일하던 강성진 씨는 오토바이를 타고 가다
신호를 무시하고 달리는 차에 치어 한쪽 눈을 실명했습니다.
그러나 그는 사고 후에 "살아난 것을 감사합니다."라며 신장 기증을
약속하고 3년 뒤 신부전 환자에게 한쪽 신장을 내주었습니다.
그리고 그는 이렇게 말했습니다.
"죽을뻔한 목숨을 살려주신 하나님께 감사해야지오."

우산 감사

잔뜩 찌푸린 날씨에 "에라 오늘은 비가 안 오겠지"하고 집을 나섰다가
"비가 오지 마라 오지 마라." 하는 바람을 저버리고 비가 오기 시작하면
"우산 가져 올걸."하고 후회하게 되죠. 집에 있을 때는 그리 귀하게
느껴지지 않다가 비가 오는 날 안 가져가면 난감합니다.
비가 와서 우산 쓰는 날 한번이라도 감사해봅시다.

실패는 예방주사

자신이 바라던 것이 어긋나면 이왕 이렇게 된 거
될 대로 되라하는 마음이 들기 쉽습니다.
예방주사가 약간의 병균을 인체에 투여해서 그 병에 대한 저항력을
키워주듯이 실패도 예방주사와 같이 자신의 삶에 저항력을 키워줍니다.
한 번도 쓰러지지 않는 것보다 중요한 것은
쓰러졌을 때 일어나는 것입니다.

성격교정

동물농장이라는 TV 프로그램에 개과천선이라는 코너가 있는데
개가 자꾸 장판 위에서 넘어지니까 장판 공포증에 걸려 장판 밟는 것을
두려워해 신문지 위에만 앉아 있었습니다. 전문가가 와서 신문지를 일렬로
띄엄띄엄 깔아 신문지 위로 건너게 한 후 신문지 사이의 거리를 넓혀
바닥에 적응하게 해 주는 쉬운 방법으로 행동 교정을 해주었습니다.
기타 공포증이 있는 개한테는 기타를 칠 때마다 간식을 주어 기타에 대한
불안감을 없애주었습니다. 또 기타를 여러 개 갖다 놔서 어떤 기타에
으르렁 거릴지 모르게 만들기도 하고 항상 기타를 옆에 놔두었더니
기타 공포증이 사라지더라고요.
사람도 자신의 성격을 교정할 필요가 있으면 이런 쉬운 방법들을
응용해서 점차적으로 치료해 보는 방법도 좋을듯합니다.

3. 땅 감사

생명의 흙

길거리를 지나가다가 갈라진 아스팔트 틈으로 식물이 자라 꽃을 피우는 모습을 보면 어떻게 저런 척박한 환경을 딛고 생명이 자라는지 신기하기만 합니다. 그 생명의 비밀은 바로 흙에 있습니다.
아스팔트 위에 자란 풀 같지만 그 뿌리는 조금이라도 남아있는 흙에 뻗어 있습니다.
우리 인간은 흙 위에 집을 짓고, 흙에서 자란 양식을 먹고 살아갑니다.
하나님도 흙으로 사람을 만드셨다고 하니 우리에게
흙은 생명이고 삶 그 자체입니다.

포토샵

우리 어머니가 포토샵 프로그램을 처음 보시더니

"이거 컴퓨터 안에 물감이 많이 들어가 있나 보지?

계속 색깔이 나오게." 하시는데 나도 컴퓨터를 맨 처음 볼 때

그렇게 생각했던 것 같습니다.

그렇게 따지자면 포토샵이나 페인터, 3D맥스 프로그램 안에는

평생 써도 안 없어지는 물감이 저장 되어 있고 써도 써도

종이가 새로 나옵니다.

솔직히 이런 프로그램 어떻게 만들었는지 정말 신기하답니다.

백혈구

하나님은 우리 몸에 다양한 방어체계를 만들어 주셨습니다.
그 중 하나인 피 속에 백혈구라는 병균을 잡아먹는 세포가 있는데
백혈구는 보통 $1mm^2$당 6000~8000개가 존재하며 생체 내에
방어 역할을 합니다. 백혈구는 병원균과 처절한 싸움을 하다 매일 죽는데
그 숫자가 800억 개나 된다고 합니다. 백혈구의 60%를 차지하는
호중구는 수명이 3일이지만 처절한 전투로 인해 거의 하루 만에 죽는데
호중구는 병원균을 식별할 능력이 없어 림프구에서 훈련 받은 T세포의
명령을 받아 병균을 잡아먹습니다. 수명이 1년인 T세포는 전에 들어
왔던 병균을 기억하고 있다가 골라서 사살 명령을 내립니다.
이게 바로 면역성입니다.
상처가 나서 아물 때 마지막으로 고름이 나는데 이 고름은
백혈구와 세균이 싸우다 죽은 것들이랍니다.
백혈구의 역할을 보면 우주의 신비를 보는 듯합니다.

왕보다 두 배 잘살아

조선시대 왕의 평균 수명이 44세인데 현재 우리나라 평균수명이 남자 75세, 여자가 82세입니다. 조선시대 왕보다도 보통 2배를 더 사는 겁니다. 그것은 의료혜택, 먹거리, 주거지 등 현대인들의 삶의 질이 옛날 왕보다도 두 배 정도 더 낫다는 반증이 아닐까요?

바꾸기 힘든 성격

김문훈 목사님은 사람을 가르치려고 하지 말고 사랑의 대상으로 삼으라고 말합니다. 우리는 자꾸 상대방을 가르치고 싶어 하는 심리가 있는데 사람은 가르쳐서 바뀌는 존재가 아니라는 겁니다. 주위 사람들을 보면 느끼겠지만 사람이 바뀐다는 게 얼마나 힘든 것인 줄 모릅니다. 모세가 40년 동안 광야에서 훈련을 받았다는 것이 공감이 갈 정도입니다. 정말 성격이 바뀌는 것은 하나님의 능력이 아니고는 불가능한 것 같습니다.

불가능은 없어

미국의 더스틴 카터라는 레스링 선수는 42승 4패라는 경이로운 전적을 가지고 있습니다. 이 선수는 5살 때 혈류에 박테리아가 감염되는 치명적인 질병에 걸려 세 번이나 죽을 고비를 넘겨 다행히 목숨은 건졌지만 팔과 다리를 잘라내야 했습니다. 팔, 다리가 없는 사람이 레스링 선수이고 거기다 일반인과 상대해 42승 4패라는 기록을 세우다니 정말 대단한 일입니다. 그는 수영으로 체력을 단련하고 두 팔로 펜을 잡아 글씨를 능숙하게 쓰며 등에 20kg을 진채 턱걸이를 한답니다.

베개

베개는 보통 사람들이 대수롭지 않은 물건이라고 생각하고 있지만 베개는 잠을 자는데 상당한 영향을 미치는 중요한 물건입니다.
목에 맞지 않는 베개를 계속 사용 할 경우 목 주변의 경추와 신경을 압박해서 각종 증상이 생기며 어린이가 높은 베개를 사용하면 성장 발육에 좋지 않다고 합니다. 너무 푹신한 베개는 목이 푹 들어가서 좌우로 움직이기 힘들기 때문에 피해야 합니다.

책과 나폴레옹

V3백신을 만든 안철수 교수는 책을 많이 읽었는데 떨어진 종이의 글까지 읽어야 직성이 풀릴 정도로 책을 좋아했다고 합니다.

고시 3개 모두를 패스한 고승덕 씨는 공부 잘하는 방법으로 독서하는 것을 권했습니다. 고승덕씨는 집에 있는 책이라는 책은 다 읽었다고 합니다.

나폴레옹은 전쟁 중에도 마차 안에 도서관을 만들어 끌고 다녔다고 하는데 그가 평생 읽은 책은 8000권이나 됩니다.

이상헌 작가는 병원에 문병 갈 때 먹을 걸 사가기보다는 책을 사가라고 충고 하는군요. 책이 있다는 것 즐거운 일입니다.

250인의 법칙

9살 어린 나이에 신문팔이로 시작해 접시닦이, 구두닦이, 심부름꾼,
난로 수리공, 부두 노역자 등 40여 개의 직업을 전전했던 죠지 라드는
건축업에서 쫄딱 망하고 도망 다니다 40대에 영업을 시작했습니다.
시보레 자동차 판매원이 된 죠지 라드는 1년에 차를 1425대나 팔아
기네스북에 올라갈 정도로 전설적인 세일즈맨이 되었고
12년 동안 13,001대를 팔았다고 합니다.
그는 250인의 법칙을 말합니다. 한 사람이 살아가면서 영향을 미치는
최소한의 숫자가 250명이라는 겁니다. 한 사람의 고객을 잃으면 250명의
고객을 잃은 것이고 한 고객의 신뢰를 받으면 250명의 고객에게
신뢰를 받는 것이라고 생각했다고 합니다. 즉 1명의 고객을 한 사람으로
봐서는 안되고 250명으로 봐야 한다는 겁니다.
지금은 디지털 시대니까 500명은 되겠죠.

마음으로 그려요

미국 텍사스 엘파소에서 1971년에 태어난 존 블램브리드,
그는 어릴 때부터 시력이 안 좋았는데 2001년 간질로 인해 완전히
시력을 잃고 말았습니다.
시력을 잃었을 때는 하늘이 무너지는 것 같았지만
하루 10시간씩 독학으로 그림을 그리기 시작해 지금은 일반인들도
놀랄만한 그림을 그립니다. 천연성분으로 만들어진 유화물감을
문질러보면 색깔마다 느낌이 달라 무슨 색인지 안다고 하는데
색깔이 섞여도 무슨 색 무슨 색이 혼합되었는지 알아맞힙니다.
"저는 눈으로 그림을 그리는 게 아니라 마음으로 그려요."

사건보다 중요한 해석

사건보다 중요한 것은 사건에 관한 해석입니다. 사건 때문에 불행해
지는 게 아니라 사건에 대한 해석 때문에 불행해진다는 겁니다.
문제와 사건을 자신의 관점이 아닌 하나님의 관점에서 해석할 때
새로운 감사와 창조적인 생각이 나올 수 있습니다.

부산에서 서울까지

조선시대 때는 부산에서 서울까지 중간 중간 산적이 있을지도 모르는 크고 작은 산들을 넘어 걸어서 14일이 걸렸다고 합니다. 하지만 지금 우리는 부산까지 차를 타고 5시간이면 갑니다. 조선시대 과거를 보러 한양에 올라왔던 사람들이 보면 놀라 자빠지겠지요?

중용

중용이라는 것을 멀리서 찾을 필요가 없습니다. 사람의 체온이 36.5도를 넘어 가거나 내려가면 몸에 병이 생기기 때문에 36.5도를 일정하게 유지하는 것이 곧 중용입니다. 바이올린 줄이 너무 팽팽하면 줄이 끊어지고 너무 느슨하면 소리가 나지 않습니다.
태양과 지구의 거리가 너무 멀면 생물은 전부 얼어 죽을 것이고 가까우면 타 죽을 겁니다. 적당한 거리를 유지하면서 도는 것이 바로 중용입니다.
예의도 지나치면 아첨이 되고 부족하면 무례함이 됩니다.
중용은 우리 생활 모두에 적용됩니다.

바이러스 백신

소프트웨어와 하드웨어의 개념도 없이 컴퓨터를 맨 처음 시작할 때
컴퓨터 바이러스라고해서 실지로 컴퓨터에 살아있는
생물인 바이러스가 기생하는 줄 알았습니다.
무식(?)했죠? 한번은 컴퓨터 바이러스가 걸려서 어떻게 해야 할 줄을
몰라 1.2메가짜리 디스켓을 다 버린 적이 있습니다.
바이러스에 한번 걸리니까 컴퓨터가 다운되고 저장된 파일은
다 날라 가고 난리가 아니더라고요.
이렇게 컴퓨터를 마비시키는 바이러스를 없앨 수 있는
바이러스 백신이 있음을 감사합니다.

슈퍼에 다 있어

약간 우스운 이야기처럼 들릴지 모르지만 우리가 쌀이 필요하다고 논에
가지 않아도 되고, 생선이 필요하다고 바닷가에 가서 배가 들어 올 때를
기다리지 않아도 되고, 계란을 사려고 양계장에 갈 필요가 없습니다.
그냥 슈퍼나 마트에 가면 다 있습니다.
옛날 5일장이 설 때는 5일장이 서야만 자기가 원하는 것을 살 수 있었지만
지금은 아무 때나 슈퍼에 가면 빵, 통조림, 라면, 생수, 과자, 생선, 옷,
신발 등 가릴 것 없이 모두 살 수 있습니다.

추위를 견딘 나무

스트라디바리우스 바이올린은 17세기에 만들어진 것인데도 하나에
20억 원이나 됩니다. 스트라디바리우스의 소리가 아름다운 이유는
그 시기에 유럽이 소빙하기 비슷한 날씨가 되어서 그 추위 때문에
나이테가 생기지 않을 정도로 단단한 가문비나무가 만들어졌는데
스트라디바리우스가 그 나무를 사용했습니다.
모진 추위를 견딘 나무가 아름다운 소리를 냅니다.

기무라의 무농약 사과

온라인 판매에서 3분만에 판매가 끝나는 기무라의 사과는 안된다는 통념을 깨고 만들어진 무농약 사과입니다.

기무라씨는 처음에 무농약 사과를 만들기 위해 갖은 방법을 다 써가면서 10년 동안 노력했지만 결국 사과나무에 꽃도 피우지 못하고 나무가 말라 죽었습니다. 계속된 실패로 끼니도 잇지 못할 정도의 가난과 이웃들의 비웃음으로 인해 정신적인 고통이 심했습니다.

고민 끝에 자살을 결심하고 줄을 가지고 깊은 산 중에 들어갔는데 그 곳에서 도토리가 주렁주렁 달린 도토리나무를 발견합니다.

"아! 저거다. 산과 같은 토양을 만들어야 해!" 그는 자살하려고 간 것도 잊은 채 산을 뛰어내려왔습니다. 그 후 사과밭의 풀을 베지 않는 자연 그대로의 농법을 시작했더니 땅은 점점 회복되어서 드디어 사과가 열리기 시작했습니다.

이 사과가 바로 냉장고에 넣지 않고 6개월을 놔둬도 썩지 않는 기적의 무농약 사과입니다.

전화

전화가 있어서 아무리 먼 곳이라도 친구나 가족들에게 통화 할 수 있음을 감사드립니다. 조선 시대 때만 해도 왕이 파발마로 부산에 소식을 보내면 5일 걸렸다고 합니다. 제아무리 왕이라도 5일 더하기 5일, 10일은 걸려야 부산 소식을 알 수 있었던 거죠. 미국이었다면 배로 가는데 12일 오는데 12일 합쳐서 24일은 걸려야 소식을 알 수 있었겠죠.
전화 한 통 걸 때마다 감사해야겠네요.

태양

구름이 끼어 있지 않을 때 태양의 밝기는 1만룩스라고 합니다.
예를 들자면 컴컴한 상태에서 방 안에 형광등 20와트 짜리 100개 정도 켜져 있는 것과 비슷한 밝기죠. 태양의 지름은 139만km로 지구의 109배이고 부피는 130만 배로 실로 엄청난 크기입니다.
태양의 중심 온도는 1500만도, 표면 온도는 6000도라고 합니다.
태양이 없으면 식물의 광합성도 이루어지지 않아 지구의 모든 생물들은 이산화탄소만 내뿜게 되어 멸종하고 말 것입니다.

췌장

애플컴퓨터를 창업했으며 IT 역사에 큰 획을 그은 인물인 스티브잡스가 2011년 10월 5일 췌장암으로 8년간 투병하다 사망했습니다.
췌장은 위와 척추 사이에 있고 무게는 100g, 길이는 15cm, 폭은 5cm 정도로 가늘고 긴 장기이며 특히 인슐린을 분비해 혈당을 조절해 주는데, 췌장에 이상이 생겨서 몸 속 혈당들이 세포 속으로 들어가지 못하면 세포들이 굶게 되어 당뇨와 단백뇨 등의 합병증이 생깁니다.
우리가 잘 모르던 췌장도 엄청나게 중요한 역할을 한답니다.

진흙 쿠키

잘 산다는 미국 사람들조차도 생활고로 5000만 명이 매 끼니를 다 먹지 못하며 전 세계에서 6초에 한 명씩 굶어 죽는다는 사실을 생각한다면 매끼니 때마다 세끼를 먹을 수 있다는 것은 축복인 셈입니다.
지진으로 큰 피해를 입은 아이티에서는 식량이 없어 진흙 쿠키를 구어 먹는데 기호식품이 아니라 진흙 쿠키 아니면 먹을 게 없어서 먹는다고 하네요. 식사기도 할 때마다 그래도 이 정도 먹을 수 있다는 것에 감사합시다.

과일은 맛있어

군대 근무할 때 진지 바로 앞에 수박 밭이 있었습니다. 특이한 것은 진지 쪽으로 2m 정도는 군인들 먹으라고 비료를 주지 않은 작은 수박이 쭉 열려 있었습니다. 그러나 그 안쪽으로 들어가 큰 수박을 먹기도 했습니다. 복숭아는 특이한 단맛과 부드러움이 좋고 배는 아작아작 씹히는 맛이 좋습니다. 바나나는 부드럽고 딸기는 상큼한 단맛이 있습니다. 과일은 곡식이나 고기처럼 익혀 먹지 않고 그대로 먹을 수 있으며 과일을 통해서 먹는 물이 신선한 물이라고 하는군요. 몸에 좋은 과일이 있어 즐겁습니다.

걱정과 감사

걱정이 있으면 누구나 그 걱정을 벗어나기 위해서 발버둥칩니다. 어떻게 보면 걱정없이 사는 것이 인간 최대의 목표이기도 합니다. 하지만 널려 있는 걱정으로 인해서 하나님과 가까워진다는 것은 별로 생각해 보지 않습니다. 걱정이 너무 많습니까? 걱정이 생기면 기도거리가 더욱 많아져 하나님과 가까이 할 시간이 많아진다는 것에 감사하면 어떨까요?

잃어버리기 전 감사

사람은 보통 좋은 것을 잃어버리고 나서야 그것의 중요함을 깨닫습니다.
건강을 잃고 나서야 건강의 중요함을 깨닫고 사람이 떠나가고 나서야
그 사람의 중요함을 깨닫습니다. 지금 있을 때 중요함을 깨닫게 해주는
것이 감사라고 생각됩니다. 평범한 것도 감사하고
감사하면 잃어버리기 전에 감사하는 것이 됩니다.

사다리차

옛날에 형님이 공군 장교로 있을 때 이사를 했는데 사다리차가 없어서
4층까지 무거운 장롱을 지고 올라갔습니다. 장롱을 옮기는 10명 정도의
사람들이 얼마나 힘들었던지, 오랜 세월이 지났는데도
아직도 기억이 납니다. 사다리차가 없었다면 아파트 이사 할 때
엘리베이터로 큰 짐을 옮길 수도 없고 정말 난감하겠죠.
만약 20층까지 장롱을 지고 올라간다고 생각해 보세요.
생각만 해도 땀이 나네…

페이

태평양의 야프섬에서는 가운데 구멍이 뚫리고 접시만한 것부터 3.5미터짜리까지 있는 페이라는 돌을 돈으로 사용했습니다. 페이를 만든 돌은 야프섬에서 640km나 떨어진 섬에서 가져온 것이며 몸에 지니고 다니기에는 너무 커서 페이를 있던 자리에 그대로 놔둔 채 계약으로 소유권이 바뀌었다는 것을 인정해줍니다.

이 페이는 1903년까지도 사용했다고 합니다. 1642년 미국 버지니아주에서는 담배를 화폐로 정해 호주머니에 담배 가루를 잔뜩 넣어 다녔고 비싼 물건을 살 때는 담배를 마차에 싣고 와야 했습니다. 담배는 100년 동안 버지니아주의 중요한 화폐로 사용되었답니다. 중국과 티베트에서는 약 900년 동안이나 마시는 차가 화폐로 사용되었는데 차와 대팻밥을 섞어서 차 벽돌을 만들었습니다. 이것은 무게가 1kg이나 나갔는데 잔돈은 차 벽돌을 잘게 부셔서 내주었답니다.

돈을 지갑에 간단히 지폐로 가지고 다닐 수 있다는 것 감사할 일입니다.

농부

철원 고석정에 놀러 갔다가 터미널에서 한 농사짓는 할머니를 만났습니다.
그 할머니는 여러 가지 농사를 짓는데 농약 값, 비료 값, 인건비 등
돈이 엄청 들어가고 올해 비가 많이 와 고추는 탄저병에
걸리고 야채들은 짓물러서 농사짓기가 너무너무 힘들다고 합니다.
"앞으로 맑은 날이 많아야 곡식들이 익을 텐데."
하면서 울상을 지었습니다.
그 분이 마지막으로 "농사 짓은 것 사먹는 게 싸요" 하더군요.
도시 사람들이 파업하면 그 물건 안 사면 되지만 농촌에서 파업을 하면
도시 사람들은 굶어 죽는다는 말이 있습니다.
그만큼 농사가 중요하다는 뜻이겠지요.
오늘도 우리는 농부님들의 노고로 인해서 밥을 먹을 수 있답니다.

식당

사실 먹지 않고 산다면 무슨 재미로 살까요?
요새 한국도 생활수준이 높아져 새 트렌드가 생겼는데 그게 바로
맛집입니다. TV에서도 맛집 프로그램을 많이 방송해주고 인터넷에도
맛집 사이트가 있어 미식가들이 맛있는 음식점은 사진을
찍어가면서까지 소개해줍니다. 인터넷을 검색해 보면 각 지역의
맛집이 순위대로 나오기도 합니다.
직장인들의 가장 큰 고민 중에 하나는 "오늘 점심 뭐 먹을까?"입니다.
맨날 똑같은 거 먹는 것도 지겹고, 점심 값도 만만치 않은데 이왕이면
맛있고 싼 점심을 찾게 됩니다.
시내에 일반 점심 가격으로 부페식을 주고 덤으로 커피까지 제공하는
식당도 생겼습니다. 이런 음식점이 있다는 것 큰 즐거움입니다.
단 재탕 반찬이나 재탕 음식은 절대사절입니다.

TV

전 지금도 TV를 보면 신기합니다. 어떻게 멀리서 중계해 주는 장면이 사람이 들어가 있는 것도 아닌데 네모난 TV로 직접 수신이 되나하고 말입니다. 그래서 전 인간이 발명한 것 중에 가장 신기한 물건이 TV라고 생각합니다. 물론 인터넷도 신기하지만 개인적으로 가장 위대한 발명품으로 TV를 꼽고 싶습니다. 사실 전 TV 마니아거든요.

인터넷 치면 다 나와

초등학교 시절 방안에 누워서 과자는 먹고 싶은데 가게는 가기 귀찮을 때 가게가 지하로 연결되어서 방바닥에 돈을 넣으면 바로 방바닥에서 과자가 나오면 좋겠다고 상상을 해 본적이 있습니다.
그런데 가만히 생각해 보니까 지금 인터넷으로 그런 비슷한 일을 할 수가 있게 된 겁니다. 인터넷으로 주문하면 며칠이 걸리지만 택배로 오기 때문이죠. 내가 상상하는 세상 인터넷이 이루었습니다.

예수님 손잡고 가요

김익두 목사님은 젊었을 때 날마다 술을 먹고 시장에서 상인들을 괴롭히는 깡패 생활을 하다가 26세 때 예수님을 영접하고 목사님이 되었습니다. 그가 한손에 누군가를 꼭 잡은 것 같은 모습으로 걸어가자 지나가던 사람이 "아니 손을 왜 그렇게 하고 가십니까?" 하고 물었더니 김익두 목사님은 이렇게 대답했습니다.

"지금 예수님의 손을 꼭 잡고 가는 겁니다."

실

"실이 세상에 없다면 어떻게 될까요?"

실 그 까짓 것 없다고 뭐 큰일이야 나겠어? 하고 생각할지 모르지만 실이 없으면 옷감을 만들 수 없을뿐더러 실로 꿰매지 않으면 옷을 연결할 수 없어서 천을 그냥 걸치고 다녀야 할지도 모릅니다. 한 번도 고맙다고 생각해 보지 않았던 실! 세상에 없어서는 안될 물건이네요.

성경의 은혜

수많은 병자들을 치료하고 유명한 부흥사였던 김익두 목사님는
구약은 100번, 신약은 1000번 읽었다고 합니다.
김익두 목사님는 이렇게 말합니다.
"난 이적 체험도 많이 해보고 부흥집회도 많이 해봤지만 성경에서
얻은 은혜보다 더 큰 은혜는 없음을 알았습니다."

마가의 다락방

교회가 있음을 감사드립니다. 교회가 없었다면 마가처럼 다락방에서
예배를 드리거나 넓은 광장, 혹은 들판이나 해변가에서 예배를 드려야
했겠지요. 작던 크던 조금 시설이 안 좋더라도 우리가 모여서
예배를 드릴 수 있는 교회가 있음을 감사드립니다.

땅 감사 137

수학을 미워하지마

물건을 살 때나 팔 때 쓸 수 있는 덧셈, 뺄셈, 곱셈, 나눗셈만
배우면 되지 왜 복잡한 수학은 머리를 싸매면서 배우지?
하고 누구나 한번 쯤은 생각해 봤을 겁니다.
우선 수학은 논리적으로 생각하는 방법을 배우고 문제들을
나열하는 방법을 생각하게 합니다.
세상 살아가는 것이 다 여기에 해당 된다고 볼 수 있습니다.
또 수학의 이진법적인 대수체계이론이 없었다면 컴퓨터는 발명되지
못했을 겁니다. 컴퓨터는 전기의 이진법 회로로 작동하기 때문입니다.
확률과 통계는 설문 조사기관에서 직접 사용하고 있고,
미적분은 공학과 경제학 쪽에 사용되며 벡터는 물리학의 기본입니다.
골치 아픈 줄만 알았던 수학이 안 쓰이는 곳이 없군요.

10배 고통스러운 하나님

부모님은 자식이 잘 풀리지 않고 어려움에 처하면 자식 걱정에 잠을 못 이룹니다. "하나님은 내가 어려움에 처해 있을 때 과연 무슨 생각을 하실까요?" 우리가 고통을 당하거나 슬픈 일을 당하면 우리보다 10배는 더 고통스러워하실 것 같습니다. 왜냐하면 부모님보다도 우리의 고통을 세세히 정확히 알고 계시기 때문입니다. 문제를 만났을 때 어려움에 처했을 때 하나님은 10배, 100배 더 고통스러워 한다는 것만 기억해 둡시다.

쇠

가끔 이런 상상을 해 봅니다. 쇠가 없어서 공장에서 돌아가는 기어들을 나무로 만들거나 자동차 부품들을 나무로 만들었다면 어떻게 되었을까? 아마 공장이 한 시간 정도 돌아가다가 나무들이 망가져서 공장이 멈추고 차가 설 겁니다. 똑같은 동작을 여러 번 반복 할 수 있는 것은 단단한 쇠가 제격입니다. 이런 쇠들 때문에 우리가 많은 물건들을 대량으로 만들 수 있습니다.

썩는다는 것

1989년 매트맬그런이라는 청년이 햄버거를 두 개 사서 하나는 먹고
하나는 깜빡 잊어버려 점퍼에서 꺼내지 않고 옷장에 넣어두었습니다.
1년 후 점퍼를 다시 옷장에서 꺼내다가 1년 된 햄버거를 발견했습니다.
더 놀란 것은 그 햄버거가 썩지 않고 냄새도 색깔도 그대로였던 것입니다.
매트맬그런은 그때부터 햄버거를 수집해서 지하실에 놔두었는데
18년이 지난 햄버거도 썩거나 냄새가 변하지 않았습니다.
그 햄버거들을 유튜브 동영상에 올린 게 화제가 되었습니다.
햄버거가 썩지 않는 이유는 화학약물이 햄버거에 버무려져 있기
때문이라고 합니다. 자연 속에서 생겨난 것은 무엇이든 썩어 식물들의
양분이 되고 다른 것이 생겨날 수 있는 공간이 만들어집니다.
썩는다는 것은 이상한 일이 아니라 생명을 싹 틔우기 위한
자연의 또 다른 방법입니다.

감사라는 묘약

캘리포니아 의과대학 딘 오니슨 박사는 "건강에 영향을 미치는 의학적 변수는 다이어트, 흡연, 운동, 스트레스, 유전적 특징, 약물처방, 수술 등 부지기수로 많지만 존중과 감사보다 효과가 큰 요인은 보지 못했다."라고 말했습니다.

즉 좋은 처방보다도 건강에 좋은 것은 감사하는 마음이라는 겁니다.

나는 1,000년 전 사람

자신을 1,000년 전에 태어난 사람이라고 상상해 보십시오. 그러면 TV도 감사하고 기차도 감사하고 전화도 감사하고 인터넷은 1,000년 전에 도무지 상상할 수도 없는 그런 도구이기에 더욱 감사하겠지요. 버스 한 번 탈 때도 "1,000년 전에 태어난 사람이 어떻게 버스를 타보나!" 하고 감사하는 마음이 들 겁니다. 뜨거운 물이 언제나 나오는 목욕탕이 있고 수세식 화장실이 있는 집은 1,000년 전에는 아마 상상하기도 힘들었을 겁니다.

짜장면

그 동안 공식적인 명칭이 자장면이었던 것이 2011년 8월 31일 짜장면도
표준어가 되었습니다. 짜장면을 편하게 짜장면으로 부르는데 25년이라는
세월이 걸렸다고 합니다. 좀 우습지만 "짜장면 되찾기 운동본부"라는 것이
결성될 정도로 짜장면에 대한 한국 사람들의 애정은 남다릅니다.
발렌타인데이에는 여자가 남자에게 초코렛을 주고 화이트데이에는
남자가 여자에게 사탕을 주는 날입니다.
그런데 우리나라에는 초코렛도 못 받고 사탕도 못 받은 솔로들이
4월 14일에 혼자서 짜장면을 먹는 블랙데이가 있답니다.
피자나 별다른 간식거리가 없던 옛날에는 무슨 행사가 있는 날이거나
외식을 하는 날이면 항상 짜장면을 먹었습니다. 그래서 한국 사람은
짜장면에 대한 추억거리가 유난히도 많은 것 같습니다.
우리 먹거리 중에 짜장면이라는 먹거리가 있어 즐겁습니다.

아이 우는 소리

내가 사는 아파트 위층은 가끔 새벽에 쿵쾅거립니다.

그것도 보통 쿵쾅거리는 게 아니라

가끔은 햄머 두드리는 듯한 소리도 납니다. 새벽 3~4시경에

이런 소리 들으면 심장이 벌렁거리고 정말 미칩니다.

부부싸움 하는데 쫓아 올라가서 같이 싸울 수도 없고 생각하다

위층 소음에 시달리는 사람들은 어떻게 하나하고 인터넷을 찾아보았더니

인터넷에 어떤 사람은 위층 아이 우는 소리에 미치겠다는 겁니다.

생각해보니 위층은 어린 아이는 없어서 아이 우는 소리는 안 납니다.

그래서 저녁 감사 일기에 "위층에서 쿵쾅거리는 소리는 나지만 아이는

울지 않아 감사합니다."라고 썼습니다.

요새는 좀 덜 쿵쾅거리더군요.

내 몸과의 대화

자신의 몸과 대화를 나눠 봅시다. 배부를 것 같으면 "위장아 지금 내가 밥을 더 먹어도 되겠니?" 모니터를 보다가 눈이 피로하면 "눈 수고 한다. 내가 너무 많이 사용했구나. 오늘은 그만 사용할 게." 라면이나 인스턴트 식품이 먹고 싶을 때 "몸아 네가 나를 위해 고생하는데 나쁜 음식을 먹으면 안되겠지?" 하는 식으로 몸과의 대화를 하면 몸에 해로운 것을 줄일 수 있고 다이어트에도 도움이 된답니다.

집의 고마움

한 종합 시장 화장실에서 24년 동안 잠을 잔 백발의 할머니! 여름에는 비닐, 겨울에는 스트로폼을 깔고 파리가 들끓는 화장실 한켠 구석에서 잠을 잡니다. 그곳을 드나드는 시장 사람들도 너무 오랫동안 화장실에서 생활하는 할머니를 보아 왔기 때문에 놀라지도 않습니다. 아침이면 짐이 담긴 전용 구루마를 끌고 나갔다가 저녁이면 화장실에 돌아와 세수도 하고 잠도 잡니다. 그 할머니는 겨우 취재진의 설득으로 보호시설로 들어 가셨습니다. 작더라도 우리에게 잠을 잘 수 있는 집이 있다는 것 감사 할 일입니다.

비디오

어머니는 드라마를 상당히 좋아하십니다. 저도 어머니께 드라마 골라 드리다가 드라마 마니아가 되었습니다. 한번은 어머니가 혼자 부흥회를 참석해 저녁 11시쯤 늦게 들어오셔서 저녁 드라마 녹화해 놓았냐고 물어보셨습니다. 어머니가 무슨 일이 있으실 때 제가 드라마를 녹화해 놓았는데 그 드라마를 어머니가 그렇게 좋아하는 줄 모르고 녹화를 안 해 놓았더니 그걸 보고 싶으신 것 같았습니다.

비디오테이프가 녹화되는 원리는 비디오에 자성을 띤 층이 코팅되어 있어서 전기 신호대로 자성이 변하여 화면이 녹화되는 겁니다. 화면이 나오는 것은 그 반대되는 과정을 거치는 것이지요.

팥 심은 데 팥 난다

우리나라 속담에 '팥 심은 데 팥 나고 콩 심은 데 콩 난다'는 말이 있습니다.

이 속담과 같이 볍씨를 심으면 벼가 자라고 고구마를 심으면 고구마가 자라고 땅콩을 심으면 땅콩이 자랍니다.

1년이 지나면 사과나무에서는 사과가 열리고 배나무에서는 배가 열리고 포도나무에서는 포도가 열립니다.

무슨 복잡한 반도체나 기계 장치를 거치지 않더라도 계절만 되면 자연적으로 열매를 맺습니다.

이러한 간단한 이치로 새로운 농작물이 매년 자라남을 감사합니다.

빵

저는 어렸을 때부터 빵을 좋아해서 직접 빵을 만들어 먹기도 했습니다.
밀가루를 적당한 묽기로 반죽한 다음 양쪽에 철판이 끼워진 네모난
전기 빵 통에 밀가루 반죽을 넣으면 부풀어 올라 빵이 됩니다.
그런데 이게 정상적인 빵이라기보다는 시장 할머니들이 파는
막걸리 빵 같습니다. 제과점에서 파는 빵 같이 만드는 것은 힘들뿐더러
그런 빵을 만들기 위해서는 비싼 오븐이 있어야 합니다.
KBS 아나운서였던 박지윤 씨가 예능프로그램에 적응이 힘들어 사표 내고
빵 가게를 하려고 제빵학원 6개월을 다녔습니다. 제빵 학원을 다니는
동안 행사 섭외가 자꾸 들어와서 사회를 봤답니다.
그리고 행사비 만큼 돈을 벌려면 빵을 몇 개를 팔아야 하나를
생각해보다가 빵 가게 내는 것을 포기했다고 합니다.
박지윤 아나운서는 빵 만드는 것이 엄청 힘들기 때문에 빵을 먹을 때
빵 만든 사람들에게 감사해야 한다고 하네요.

마취

옛날에는 사람에게 술을 먹여 수술하기도 하고 최면 후 수술하기도 했는데 지금은 마취제가 있음을 감사합니다. 누구나 이용하는 치과에서 치아를 뺄 때나 치료할 때 마취제를 사용해서 사람들이 아프지 않게 치료를 하죠. 만약 마취하지 않고 수술한다고 생각해 보세요. 아마 아파서 수술을 하지 못할 겁니다.

"하나님 거"

감리교 신학대학 김영래 목사님의 설교내용입니다. 박카스 TV CF에서 어떤 엄마가 유치원생 정도로 보이는 아들에게 밥을 먹이면서 "우리 아들 누구 거?" 하고 물어보았더니 아들이 "아영이 거!"라고 자기 여자 친구 이름을 말했습니다. 엄마는 "엄마 거!" 할 줄 알고 물어본 것인데 그런 대답을 듣고 어이없어 하자 오히려 아들이 더 어이없다는 표정을 지었습니다. 그것을 보고 옛날에 우리는 하나님이 "너 누구 거?" 하고 물으면 "하나님 거!"라고 대답했지만 요새는 "아파트 거! 자동차 거!" 라고 대답하고 있는 것은 아닌가 하는 생각이 들었답니다.

빠흠의 땅

'사람에게 얼마만큼의 땅이 필요한가?' 라는 톨스토이 작품의 주인공인 빠흠은 가난해서 많은 땅을 갖는 것이 꿈이었습니다. 그런데 1천루블을 내면 걸어서 해질 때까지 돌아온 만큼의 땅을 주는 동네가 있었습니다. 대신 해질 때까지 돌아오지 못하면 1천루블은 날아가는 거였습니다. 빠흠은 1천루블을 내고 죽을 힘을 다해 달리고 달렸습니다. 많은 땅을 갖고 싶은 마음에 무리해서 멀리까지 갔습니다. 해질녘이 되어 땀을 뻘뻘 흘리면서 겨우 뛰어 돌아왔지만 빠흠은 완전히 탈진해 그 자리에서 피를 토하고 숨지고 말았습니다. 결국 넓은 땅은 커녕 그의 키 만한 넓이의 땅에 묻히고 말았습니다. 감사하지 못하는 삶은 빠흠과 같습니다.

CCTV

요새는 범죄자들이 주로 CCTV에 찍혀서 잡힙니다.
한국에 설치 된 CCTV 개수가 총 약 300만 대 정도 된다고 합니다.
어마어마하죠? 각 아파트 엘리베이터에도 있고 건물, 은행에도 있어서
범인들이 한 번은 CCTV에 찍히게 됩니다. 그리고 요새는 폐쇄회로
검색창에 특정 색을 입력하면 특정 색 옷을 입은 사람만 검색이 되는
똑똑한 CCTV도 나왔다고 하는군요.
CCTV는 우리가 안전하게 살도록 도움을 준답니다.

로마시대 크리스쳔

마음대로 교회를 갈 수 있는 것에 감사합니다. 조선시대만 해도 기독교나
천주교를 믿으면 사형 당하기도 했습니다. 특히 기독교 초기
로마시대 때 크리스쳔은 사자 밥이 되거나 십자가 처형을
당하기도 했는데 이러한 핍박을 피해서 카타콤이라는
동굴을 파 숨어서 예배를 드렸습니다.
현재 아무 핍박없이 교회를 다닐 수 있음을 감사드립니다.

워런 버핏

2000년부터 1년에 한 번씩 투자의 귀재 워런 버핏과의 점심식사를 경매에 부쳤는데 2011년 경매가가 28억 원이라고 합니다. 점심을 같이하면서 그의 투자 의견 등을 듣는데 28억 원이 든다는 겁니다. 그럼 우리는 전능하신 하나님과의 대화를 할 때 한 번에 얼마를 내야 할까요?

하나님과 30분간 기도할 때 30억 원을 드리고 기도하는 것 같이 열심히 기도하고 하나님의 말씀을 정신 차려서 경청하면 어떨까요?

열쇠

어렸을 때부터 살던 연희동에 있는 집은 큰 마루 문을 고리로 잠근 후에 부엌을 잠그고 나오는 구조였는데 가족이 전부 외출할 땐 대문은 닫았지만 집안 문은 열어놓고 다녔습니다. 그러면 가끔 세 들어 살던 사람들이 방 안에 들어오기도 했습니다. 만약 열쇠가 없었다면 그냥 문을 줄로 잡아매고 나와야 할지도 모르지요.

문을 열어놓고 나간다면 집안에 도둑이 들까 봐 불안해 밖에서 일이 될까요? 열쇠 한 번 잠그고 나올 때마다 감사!

꽃

프러포즈 할 때 사랑하는 사람에게 꽃을 주면서 프러포즈합니다.

병문안 할 때도 꽃을 사가지고 갑니다.

집에도 꽃 장식을 하고 교회 강단 앞에도 꽃꽂이를 합니다.

들판에도 단연 돋보이는 존재는 풀 사이에 보이는 꽃입니다.

꽃은 세상을 부드럽게 해 줍니다. 꽃의 아름다운 색깔,

아름다운 향기가 있음으로 세상이 아름다워집니다.

감사의 치료 능력

한번은 컨디션이 영 안 좋은 상태로 지하철을 타서 자리에 앉았는데

힘이 들어 식은땀이 났습니다.

그때부터 여러 가지 감사기도를 했는데 한 30분 정도 감사 기도를 하니

아픈 것이 싹 사라져 버렸습니다. 감사는 치료의 능력이 있습니다.

땅 감사 155

컴퓨터그래픽

3D 영화를 처음 본 것은 1993년 '쥬라기 공원' 으로 기억합니다.
'쥬라기 공원' 이 개봉 될 때 사람들은 정말 공룡을 구경하는 것 같은 마음으로 영화를 봤습니다.
공룡들이 들판을 뛰어다니는 장면은 정말 압권이었습니다.
그 다음 3D로 만들어져 주목을 많이 받았던 '토이스토리'도 큰 히트를 쳤습니다. 그 후에 3D그래픽으로 많은 영화를 만들었습니다.
요즘에는 '쿵후 팬더' 가 만들어지고 3D 에니메이션의 정점을 찍었던 '아바타' 도 제작 되었습니다. 우리나라에서는 유아용 에니메이션 뽀로로가 유명하죠. 또 3D는 만들기 힘든 세트를 만든다든지 현실에서 촬영하기 어려운 장면을 만들 때 유용하게 쓰이며 현재 우리나라에서 개봉되는 영화 중에 3D를 조금이라도 쓰지 않는 영화가 없을 정도입니다.
3D 컴퓨터 그래픽이 있다는 것은 즐거운 일입니다.

엘리베이터

개그콘서트 "헬스걸" 코너에 이종훈이 벌칙으로 높이 264m,
총 계단 수가 1251개인 63빌딩을 50분 만에 올라갔습니다.
올라가는 것을 동영상으로 찍어주기 위해 같이 따라간 개그맨 이승윤도
얼굴이 일그러지고 땀범벅이가 돼서 인터뷰를 하는데 목이 다 쉬었더군요.
내려오는 것까지가 벌칙이기 때문에 다시 걸어 내려 왔는데
이승윤은 처음에는 웃었지만 내려올 때는 울었다고 합니다.
뛰어 올라갔는데도 50분 걸리니 슬슬 걸어 올라가면 1시간 20분은
걸리겠군요. 직장 다니면서 매일 40층을 걸어 올라간다면
완전 끔찍하겠지요?
"엘리베이터야 네가 있어 줘서 고맙구나!"

온도

달의 낮 최고 온도는 123도이고 밤의 최저 온도는 -233도라고 합니다.
달이 이처럼 온도 차가 큰 것은 열을 가두어 두는 대기층이 없기
때문입니다. 수성은 가장 뜨거울 때가 430도 밤에는 -180도까지
내려갑니다. 우주는 거의 빈 공간으로 이루어져 있는데
이 빈 공간의 평균 기온이 -270도라고 합니다.
지구가 너무 춥거나 덥지 않고 적정한 온도임을 감사드립니다.

마우스

1963년 스텐퍼드대학 연구원이었던 엔젤바트가 현재 컴퓨터 마우스의
조상격인 X,Y좌표 표시기를 발명했습니다. 나무 상자 안에 작은 바퀴를
두 개 넣어 위, 아래, 좌우 방향을 감지할 수 있게 했습니다.
이 기계에 꼬리가 달리고 쥐를 닮았다고 해서 이름이 마우스가 되었습니다.
마우스 때문에 컴퓨터 커서를 마음대로 조절할 수 있고
인터넷도 할 수 있는데 가끔 마우스 커서가 안 움직이면 정말 미칩니다.
마우스가 있어 컴퓨터하기가 편리합니다.

생수

고등학교 때부터 "왜 물을 가게에서 팔지 않을까? 생수를 일반가게에서 팔면 돈을 많이 벌 수 있을 텐데." 하고 생각했던 적이 있습니다.
그 때는 가게에서 생수를 팔지 않았는데 얼마 후에 생수제품이 나와 히트를 쳤습니다. 빗물이 땅에 흡수되어 자갈, 모래, 돌 등에 의해 걸러져서 깨끗하게 만들어지는 것이 지하수입니다.
특히 제주도의 생수는 빗물이 내려 짧게는 2년, 길게는 53년 동안 수십 겹의 화산층에 걸러져서 양질의 생수가 만들어진다고 합니다.
일부러 정수를 한 것도 아닌데 지하수가 만들어진다는 것 신기한 일입니다.

보약 같은 잠

인간은 수명의 3분 1을 잠자며 보냅니다. 잠을 잘 때 우리 몸에 성장 호르몬이 나오고 뇌가 정리되며 각종 장기들이 쉬게 됩니다.
수면의 발란스가 깨지면 생활 리듬이 엉망이 되고 잠이 모자라면 수명이 단축 된다고도 합니다. 제일 깊은 잠을 자는 시간은 새벽 1시 정도이기에 최소 밤 12시 안에는 꼭 잠이 들어 있는 게 좋습니다.
잠을 잘 자면 보약보다 낫다고 합니다.

천국의 도로포장재

뉴스에서 달러가 일렬로 산더미처럼 쌓여있는 장면을 보고 문득 이런
이야기가 생각났습니다. 어느 부자가 천국에 가기 위해 자신의 재산을
다 금으로 바꿔 가방에 넣어서 천국에 도착했습니다.
부자가 큰 가방을 들고 낑낑거리면서 천국 문을 지나가려는데
"가방에 든 것이 뭡니까?" 하고 천국문지기가 물었습니다.
부자가 금이라고 대답하자 천국문지기는 이렇게 말했습니다.
"아니 천국은 도로포장재가 금인데 뭐하러 금을 가지고 오셨어요!"

샤프

샤프를 쓰지 않았을 때는 HP연필 여러 개를 뾰족하게 깎아서
그림를 그렸습니다. 뾰족한 연필심이 닳으면 다른 연필로 바꾸고
또 닳으면 바꾸고 해서 10개 정도를 쓰고 나서 다시 다 자동 연필깎이로
깎아서 연필을 준비해 놓고 그렸습니다.
하지만 아는 분이 샤프 쓰는 걸 보고 샤프를 사용하고부터는
연필을 깎을 필요없이 심만 갈아주면 되니까
편하더군요. 고맙다 샤프!

이삿짐센터

1980년대만 해도 이사를 전담해 주는 전문이삿짐센터가 없었습니다. 그래서 이사 할 때 친척들이나 친구들, 직장동료들이 안 오면 이사하기가 힘들었습니다.

한 번은 10여년 만에 거리에서 만난 친구가 다음 주에 이사를 간다는 것이었습니다. "이거 도와준다고 해야 하나! 말아야 하나!" 고민하다가 간다고 약속하고 이사하는 날 온종일 노가다를 뛰었습니다. 오래간만에 짐을 날랐더니 허리도 쑤시고 다리도 쑤시고 몸살이 나려고 하더군요. 하지만 요새는 친척들이나 친구들을 부를 필요없이 이삿짐센터에 전화만 하면 유리잔까지 종이로 잘 싸서 제 위치에 그대로 이사를 해줍니다. 그 때에 비하면 정말 정말 편해진 거죠.

강도에게 술 얻어먹었어요

'흥하는 말씨 망하는 말투'의 저자 이상헌 작가가 감사 강연을
많이 해서 "감사합니다."가 입에 붙었을 때의 일입니다.
어느 날 길을 걸어가는데 누군가 다가와 허리에 칼을 들이대고
"돈 내놔! 강도다."라고 했는데 "감사합니다."가 입에 붙어 자기도
모르게 강도에게 "감사합니다."라고 말했습니다.
그걸 본 강도는 "저는 강도인데요."하며 웃기 시작했고
이상헌 작가도 그런 자신이 우스워서 웃었습니다.
웃다 보니 교감이 생겨 같이 가서 강도에게 술을 얻어먹었다고 합니다.
감사하면 강도에게도 술을 얻어먹습니다.

하나님과의 대화

"좋기는 좋은데 어떻게 표현할 방법이 없네."라는 CF 유행어로 유명한 천호식품 김영식 회장은 강아지를 한 마리 사서 그 강아지한테 "그 사람은 왜 그러지?" 등 사람들에게 할 수 없는 마음에 쌓인 온갖 이야기를 한다고 합니다. 그렇게 말을 해도 개는 그 말을 다른 사람에게 옮길 수 없기 때문이죠. 그러고 나면 마음에 응어리 진 것이 다 풀린다고 합니다. 그러나 우리는 아무리 작은 것이라도 이야기 할 수 있고 응답까지 해주는 전능하신 하나님이 계시니 정말 감사합니다. 하루 24시간 작은 문제, 큰 문제, 답답한 것 남김없이 하나님과 이야기합시다.

집에 있는 영화관

처음 흑백 TV가 나왔을 때는 14인치였습니다.
그래서 20인치도 큰 TV였는데 지금은 그 때 상상 할 수도 없었던 42인치, 50인치 등의 큰 칼라 TV를 마음대로 볼 수 있음을 감사드립니다.
이런 TV를 보면 집 안에서도 영화관 기분이 나죠! 처음 이 대형 TV가 나왔을 때는 천만 원이 넘었는데 요새는 저렴한 가격으로도
이런 TV들을 볼 수가 있답니다.

감사는 누전차단기

누전이라는 것은 전기줄에 높은 전압이 발생했을 때 스파크가 튀어 불이 붙는 현상입니다. 아파트에 보면 누전 차단기가 있는데 보통 한 달에 한 번씩은 빨간 단추를 눌러서 점검해 보라고 합니다.
유럽 사람 중에 38%인 1억 6천500만 명 정도가 우울증, 불면증, 불안감, 치매 등 정신질환에 시달리고 있으며 한국은 하루에 40여명이 자살하는데 OECD국가 중에서도 1위라고 합니다. 이건 정신적인 누전차단기가 제대로 작동하지 못하고 있기 때문입니다. 고민의 누전, 걱정의 누전, 병마의 누전 이런 것들이 우리들을 태우려고 할 때 누전 차단기 역할을 하는 것이 바로 기도와 감사입니다.

비행기 좌석 모니터

혼자 비행기를 타고 긴 여행을 할 때 옆 좌석에 앉아 있는 사람이 서로 국적도 다르고 영어를 하지 못한다면 길게는 10시간 넘게 아무 이야기도 하지 못하고 가만히 앉아 있어야 할 겁니다. 그런데 앞좌석 뒤에 작은 모니터가 달려 있어서 TV 방송도 볼 수 있고 영화도 볼 수 있으며 지금 비행기가 어디쯤 가고 있는지도 알 수 있습니다. 아무리 긴 여행이라도 모니터로 비디오 몇 편 보고 나면 도착지에 도착합니다.

휴지통

911테러가 일어난 후 테러 문제로 인해서 길가나 지하철에 있는 휴지통을 싹 다 없애 버렸을 때 참 난감하더라고요. 휴지나 지나가다 받은 전단지를 호주머니에 넣고 다니다가 돈을 잃어버린 적도 있습니다.
그 후 길을 가다 만난 작은 휴지통 하나가 정말 반갑게 느껴지더군요.

약의 고마움

군대 갔다 온지 얼마 안돼서 직장도 구하지 못하고 있을 때 엑스레이를 찍었더니 가슴에 폐결핵 진단이 나왔습니다. 60년대만 해도 폐결핵은 불치병이었지만 지금은 좋은 약이 나와서 빠지지 않고 먹기만 하면 폐결핵도 나을 수 있다고 하더군요.
반신반의하면서 약을 꾸준히 6개월 정도 먹고 다시 엑스레이를 찍어보니 폐결핵 자국이 다 아물었습니다. 그 때는 정말 기뻤습니다.
조선시대 때 사람들의 평균 수명은 24세에 불과했다고 합니다.
그러나 현재 평균 수명은 79세로 평균 수명이 50살 이상 늘었습니다.
이게 다 의료시스템과 약의 발달이 많은 영향을 미쳤기 때문입니다.

괴로움을 없애는 감사

지나간 일들로 마음이 아프고 괴로워질 때 여러 가지 방법들을
써 보았지만 고통스럽고 괴로운 마음을 이겨내기 위해서는 감사하는 방법
보다 더 좋은 방법은 없었습니다. 항상 30가지 감사를 가지고 다녀 봅시다.
그러면 웬만한 시련도 이겨낼 수 있을 겁니다.

내 마음의 구멍

위층이 하도 쿵쾅 거려서 화가 나 등산 스틱을 가지고 몇 번 천장을
힘껏 쳐 여기서도 소리가 울리게 했습니다.
그러고 나니 속이 좀 후련했습니다. 몇 년 후에 집을 도배 하려고 천장
도배지를 뜯어보니 천정 석고보드가 몇 군데 구멍이 나있었습니다.
그걸 보니 꼭 내 마음에 구멍이 뚫린 듯한 기분이 들더군요. 그 때 남을
미워하면 자신의 마음에 먼저 상처 자국이 난다는 생각이 들었습니다.
이런 말이 있죠.
"남에게 흙을 뿌리기 위해서는 먼저 자신의 손에 흙을 묻혀야 한다"

4. 하늘 감사

오프라 윈프리의 감사

오프라 윈프리는 미혼모 엄마에게서 태어나 할머니 집에서 자라다가
14살에 자신도 미혼모가 되고 낳은 딸이 2주 만에 숨지자 집을 나와
마약을 하는 불행한 청소년기를 보냈습니다.
그 후 그의 아버지가 회개하고 돌아와 오프라 윈프리에게 성경을 가르치고
감사 일기를 쓰게 해서 오늘날 세계 최고의 토크쇼 여왕이 되었습니다.

불만불평의 결과

불만불평만 하는 어떤 사람은 20년이 지난 후 그의 삶이 망가졌을 뿐
아니라 그의 아들까지 그를 기피하게 되었다고 합니다.
화를 내고 불만불평만 하면 주위 사람들도 괴롭기 때문입니다.
그러나 항상 감사를 하는 사람에게는 하루하루가 기쁨으로 다가 오겠지요.

10만 원권 수표

한 대학교수가 10만 원권 수표를 들고 학생들에게

"이 수표 갖고 싶은 사람?"

하고 물었더니 학생들 전부 손을 들었습니다.

그리고 그 수표를 손으로 꾸겨서 "이 수표 갖고 싶은 사람?"

그래도 학생들은 다 손을 들었습니다. 또 교수가 수표를 바닥에 던지고 발로 밟은 다음 다시 꾸겨진 수표를 들어 "이 수표 갖고 싶은 사람?"

하고 물어도 학생들은 똑같이 손을 들었습니다.

그제서야 교수는 "꾸겨지고 더러워진 10만 원짜리 수표라도 수표 본래의 가치는 변하지 않는다는 것을 여러분도 잘 알고 있군요.

나라는 존재도 마찬가지입니다. 꾸겨지고 더러워진 나일지라도 그것의 가치는 전과 다르지 않게 소중합니다.

실패하고 남들에게 손가락질 당하더라도 좌절하지 마십시오.

당신의 가치는 무엇보다 소중합니다."

가로등은 길동무

가로등도 없는 어두운 길을 걸어가야 하는 한 젊은 여자가 불안한 표정을
짓더니 어딘가에 전화를 겁니다. 그리고 조금 있다가 젊은 남자가
다가와 그 여자와 함께 가로등 없는 어두운 길을 걸어갑니다.
연인이 마중 나온 걸까요? 어두운 길을 다 지나와서 그 젊은 여자는
남자에게 7000원을 줍니다. 그 남자는 심부름센터 직원인 것입니다.
어두운 길을 환하게 밝혀주는 가로등! 우리에겐 작은 길동무입니다.

찬양 속의 은혜

한참 찬송으로 은혜를 받을 때는 "마음이 아파서 기도할 수 없고 눈물이
빗물처럼 흘러내릴 때 주님은 우리 연약함을 아시고~~~~"하고
복음송가를 부르면 어느덧 눈가에 눈물이 맺혔습니다.
사실 기도할 때보다 찬송할 때 하나님의 음성을 많이 들었던 것 같습니다.
항상 복음송가를 부르면 눈물이 날줄 알았는데 은혜가 식으니까
눈물이 나지 않더군요.
하나님 찬송의 은혜가 꺼지지 않게 도와주세요!

동굴 구경

사람들은 관광지에서 동굴 구경을 할 때 종유석이 많은 험한 동굴일수록
더욱 재미있어 하고 스릴있어 합니다. 왜냐하면 곧 밖으로 나가서 안전한
집으로 갈 수 있다는 것을 알기 때문입니다. 이 세상도 마찬가지로
곧 하늘나라로 가기 전에 잠시 쉬어 가는 장소라고 생각한다면 험난한
일을 만나거나 견디기 힘든 고난을 당하더라도 그리 힘들지만은
않을 겁니다.

좌절금지

우리 크리스천들은 어려움만 보지 않고 그 너머에 있는
하나님의 뜻을 볼 수 있음을 감사합니다.
믿지 않는 사람들은 현실만을 바라보고 낙담하기 쉽지만 크리스천은
하나님이 원하시는 뜻과 현실을 한 번 더 생각할 수 있습니다.

신발

15년 동안 현금 2억 원을 포함해 1200여 종 총 10억 상당의 경품을 받은 경품 왕 최길환 씨, 그가 집에서 쓰고 있는 물건은 거의 경품으로 받은 것이라고 합니다.

'락포트'라는 미국 신발회사에서 신발에 관련된 사연을 공모해 8개국 수만명의 응모자들 중에 유일한 당첨자로 뽑혀 갈라파고스 여행권까지 받은 최길환 씨의 글 내용입니다.

'시골이라 생활 여건이 어려워 어머니가 장사를 하셨는데 80리길을 걸어 물건을 받아 가지고 와 팔았습니다. 한 번은 많은 물건을 머리에 이고 오다가 검정고무신이 벗겨졌는데 신발을 신으러 다시 가면 고갯길이라 물건들이 낭떠러지로 떨어질 것 같아 고무신 한 짝을 버리고 울면서 걸어 왔습니다.' 신발은 깨진 유리, 뾰족한 물체, 돌부리 등으로부터 발을 보호하며 발바닥이 지면과 직접 닿지 않게 해주고 추운 겨울에는 보온 효과도 있습니다. 하지만 신발은 항상 땀이 차고 따뜻해서 무좀이 걸리기 쉽기 때문에 두세 켤레 준비해 하나는 신고 다른 하나는 햇볕에 말려 습기가 차지 않게 신는 게 좋습니다.

예수님을 만나면...

전도 받아 처음 교회 다닐 때 목사님의 설교가 떠오릅니다.

"인생에 있어서 좋은 부모를 만난다는 것은 너무나 중요한데

좋은 부모를 만나면 모든 것이 달라집니다.

또 좋은 배우자를 만나는 것도 엄청나게 중요합니다.

배우자로 인해 자신의 삶이 완전히 바뀔 수 있기 때문입니다.

하지만 이 두 가지를 다 잘못 만났다 하더라도 괜찮습니다.

예수님을 진정으로 만날 수 있다면 말입니다."

하늘 감사 177

비행기 창문

처음 비행기를 타기 전에는 비행기 안에서 창문 아래로 내려다 보이는 섬과 육지가 그렇게 아름다운지 몰랐습니다. 10년 전에 일본에 갔을 때 빨간 구름 위로 비행기가 날아가는데 구름 위에 뜬 기분이고 꼭 천국 같다는 느낌도 들었습니다. 캐나다를 갔을 때 밴쿠버 휘슬러 쪽으로 보이는 눈이 쌓인 산들은 내가 본 경치 중에 가장 아름다운 광경이었습니다. 비행기 창문이 있다는 것 참 즐거운 일입니다.

비행기 외부 온도

비행기가 날아갈 때 보통 비행기 외부의 온도도 비행기 내부의 온도와 같을 거라고 생각합니다. 하지만 비행할 때 비행기 외부의 온도는 -50도라고 합니다. 외부 공기가 계속해서 순환하는데도 비행기 내부의 온도는 상온을 유지한다는 것이 신기할 따름입니다. 또 하나 비행기는 밀폐된 공간에 오래 앉아 있기 때문에 산소가 부족할 것을 대비해서 공기를 계속해서 순환해주는데 비행기 전체 공기를 시간당 18회 이상 순환시켜 준답니다. 놀라운 일이죠.

지갑

한번은 명보극장 앞(지금은 무엇으로 바뀌었는지 모르겠지만) 가판대에서 음료수를 사먹고 신호등을 건너다가 지갑이 호주머니에서 빠져 잃어버리고 말았습니다.

한 달 후에 지갑이랑 안에 있던 주민증만 소포로 돌아왔습니다. 아마 주운 사람이 돈 3만원은 빼내고 지갑만 우체통에 집어넣은 모양입니다. 경찰에 전화해 봐도 어떤 경로로 지갑이 돌아오게 된 건지 잘 가르쳐 주지 않았습니다.

그 지갑을 보면 그때 당시의 추억들이 떠오르기 때문에 지갑을 사용하지 않지만 아직 간직하고 있습니다. 지갑이 없었다면 돈이나 카드 등을 호주머니 여기저기에 넣어 두었다가 잃어버리기도 했을 겁니다.

"지갑아 고맙다! 나를 잊지 않고 찾아와 줘서."

"세금도 내줘요!"

오프라 윈프리가 형편이 어려워 새 차로 바꾸지 못하는 사람들의
사연을 공모해 거기서 뽑힌 276명을 오프라 윈프리 쇼에 초청해
그 중에 11명을 뽑아 자동차를 선물했습니다.
그리고 마지막 12번째 차 주인을 뽑는다며 작은 상자 하나씩을 나누어
주었습니다. 그런데 상자를 열어 보니 모든 사람들의 상자 속에
자동차 열쇠가 들어 있었습니다.
초청된 276명 모두가 3200만원 상당의 차를 받아 기뻐서 완전히
흥분의 도가니가 되었습니다. 하지만 그 중에는 차에 대한 세금을
안 내주었다고 불평하는 사람도 있었답니다.

광안리 개

부산 광안리에는 13년이나 시장을 지키는 개가 한 마리 있습니다.
그 개의 주인은 30년 동안 시장에서 생선을 파는 할머니인데 누군가
할머니를 건드리면 계속 짖습니다. 장사가 방해 될까봐 멀찌감치 떨어져서
하루 종일 할머니를 지키고 앉아 있다가 장사가 끝나면 할머니와 함께
집에 들어갑니다. 그 할머니는 그 개를 자기 딸이라고 부릅니다.
자식 같은 역할도 하고 친구 같은 역할을 하는 개와 고양이가 있어 인간이
외롭지 않게 하심을 감사드립니다.

사랑의 원자탄

손양원 목사님은 두 아들이 공산당에 체포되어 마지막 순간까지 복음을 전
하다 순교하자 이렇게 감사했습니다. "나 같은 죄인의 혈통에서 한 명도
아니고 3남 3녀 중 귀중한 장자와 둘째, 두 명이나 순교자가 나옴을
감사합니다. 전도하다 총살 당함을 감사합니다. 미국 유학을 준비 중에
미국보다 더 좋은 천국감을 감사합니다. 총살한 원수를 회개시켜
아들 삼고자 하심을 감사하며 이런 역경 중에서 감사할 수 있는
과분한 축복을 누림을 감사합니다."

꼼장어와의 대화

산책을 하다가 수산물 식당 수조 안에 꼼장어가 몸을 웅크리고 있는 게 보였습니다. 그 때 문득 이런 생각이 들었습니다. "물속에서 어떻게 숨을 쉬고, 항상 물속에 있으면 얼마나 추울까!"

수조 속 꼼장어의 모습이 안쓰러워 보였습니다.

그러나 꼼장어는 나에게 이렇게 물어보고 싶었을지도 모릅니다.

"넌 어떻게 공기 속에서 멀쩡하게 걸어 다니고 서 있을 수 있니? 그렇게 물기 없는 곳은 너무 건조하지 않니?" 하고 말입니다.

꼼장어는 물속에서 숨 쉬는 것이 당연한 일입니다. 이와 마찬가지로 "넌 어떻게 그렇게 생각할 수 있어? 어떻게 그렇게 행동할 수 있어?"라고 생각되는 것도 그 사람 입장에서는 당연한 것일 수도 있습니다.

특종

희귀한 장면이나 꼭 찍어야 할 장면은 우연한 기회에 포착됩니다.
그럴 때 우리가 항상 가지고 다니는 핸드폰에 달려 있는 폰카가 있어서
그것을 놓치지 않고 찍을 수 있습니다. 사진기는 무게도 있고 부피도 커서
항상 가지고 다니기가 힘들지만 핸드폰은 평상시에도 가지고 다니기
때문에 누구나 사진 기자가 될 수 있는 거죠.
오늘도 언제 특종이 나올지 모르니 긴장합시다.

9월 15일

9월에 무더위가 가시자 에어컨 등 가전제품의 사용이 줄어들 것으로 보고
노후화된 발전소 장비들의 정비에 들어갔지만 예상 외로 2011년 9월 15일
서울이 31도, 대구가 34도까지 올라가는 무더위가 찾아와 갑자기 증가한
가전제품의 사용으로 인해서 사전 예고 없이 오후 3시부터 8시까지

전국적으로 돌아가면서 30분 정도씩 정전이 되었습니다.
길지 않은 정전이었지만 뜻하지 않은 많은 피해를 입었습니다.
작게는 컴퓨터로 작성 중이던 문서들이 사라지고 엘리베이터에 사람들이
갇히며 어떤 양식장에서는 광어가 폐사돼 5000만 원의 피해를 입었다고
합니다. 수술실에서도 수술이 중단되는가 하면 신호등이 꺼져 도심이
극심한 교통난에 시달렸고 제조업체는 물건을 만들던 중에 기계가 멈춰
피해가 발생했습니다. 그래서 정전으로 인한 피해보상금까지 받게 되는
초유의 사태가 일어났는데 피해 신청 금액만 610억을 넘었습니다.
전국적으로 돌아가면서 단 30분간의 짧은 정전이었는데
왜 이런 소동이 일어났을까요?
이것은 그만큼 인간들이 전기에 의존해서 살아간다는 반증이기도 합니다.
물을 정수장에서 취수장으로 끌어오기 위해 모터 펌프를 사용하는데
전기가 없으면 이 작업을 할 수 없기 때문에 당장 수돗물도 먹을 수 없다고
하네요. 평소에 생각하지 않았던 전기의 고마움 다시 한 번 느끼게 됩니다.

감사 할아버지

항상 "감사합니다 감사합니다."라고 해서 감사 할아버지라고 불리는
할아버지가 있었습니다. 어느 날 고기 한 근을 사가지고 가다가
그만 돌부리에 걸려 넘어져 소고기를 땅에 떨어뜨리고 말았습니다.
그런데 지나가던 개가 그 고기를 냉큼 집어물고 달아나 버렸습니다.
할아버지는 그 개를 물끄러미 보고 있다가 "감사합니다."라고
하는 것이었습니다. 그것을 본 한 젊은이가 "할아버지 뭐가 감사해요?"
하고 묻자 할아버지가 이렇게 대답했습니다.
"아! 이 사람아 고기는 잃어버렸지만 내 입맛은 그대로 남아 있으니
얼마나 감사한 일인가."

신체적인 특징

닉부이치치가 KBS방송에 나왔을 때 사회자가 남이 놀리는 것을 어떻게
극복했냐고 물어보니 "학교에서 자기를 놀리는 아이들이 있었지만 가만히
생각해보니 놀림 받는 것은 신체적인 특징 때문에 놀림 받는 것이었습니다.
그러나 놀리는 아이들도 외모에 문제가 많았어요. 코가 크다든가 주근깨가
있다든가 그래서 난 나의 모습을 신체적인 특징으로 받아드리기로
했어요."라고 대답했습니다.

USB메모리

가운데가 뚫어진 큰 5.25인치 플로피디스켓 기억할 겁니다.
휘어지기도 해서 책 갈피에 끼워 가지고 다녔는데 이 플로피디스켓의 용량은 겨우 1.2메가입니다. 프로그램 하나 깔려면 8~9장을 연달아서 넣어야 하나의 프로그램을 깔 수 있습니다.
그것도 몇 장 넣고 다음 디스켓을 넣으라는 명령이 나오지 않으면 프로그램이 제대로 깔린 게 아닙니다.(이럴 때는 짜증 폭발합니다.)
하지만 2000년 정도에 100메가짜리 USB메모리가 나왔습니다.
이것 보고도 되게 놀랐는데 몇 년 지나 테크노마트 매장에 가서 USB 용량을 물어보니 16기가까지 나왔더군요.
요새는 훨씬 더 큰 용량의 USB메모리가 나오고 외장 하드는 테라급(1000기가)으로 나옵니다.
거기다 DVD 리라이터로 공DVD를 구울 수가 있으니 감사할 일입니다.

마술은 즐거워

개인적으로 제일 신기하게 생각하는 마술 중에 하나가 스케치북에 오렌지 등의 과일을 그려 놓고 진짜 과일을 꺼내는 마술입니다. 타이거마스크를 쓰고 나와 마술의 트릭을 가르쳐 주는 마술 폭로 프로그램도 있어서 대강 마술을 이렇게 하는구나 하고 생각하면서도 색다른 마술을 보면 또 거기에 빠집니다.
"병 안에서 볼트와 너트가 그냥 서로 맞물려서 그냥 돌아갔다가 다시 풀리는 마술은 도대체 어떻게 하는 거야?"
마술은 누구나 즐겁게 만드는 힘이 있기 때문에 마술을 배워 놓으면 인기 있는 사람이 될 수 있습니다.
마술 배우실 분?

성공 전략

big yes라는 책을 쓴 송진구 교수가 TV에 나와 강의를 했는데 인생에서 한 문이 닫히면 또 다른 문이 열린다고 했습니다. 정말 뭔가가 없어진다고 두려워 할 것만이 아니라 뭔가가 없어지면 또 다른 것이 나에게 다가 온다는 것을 깨달을 수 있습니다.

송 교수의 성공전략은

"첫째, 고통스러운 현실을 부정만하지 말고 인정하라!

둘째, 다양한 도전이 실패했다면 수정하라

셋째, 열정을 가지고 일을 하라

넷째, 이 앞에 세 가지로 무장하고 닥쳐오는 무수한 시련을 열정의 힘으로 극복하라."입니다.

삶은 곧 디자인

잘 느끼지 못하지만 우리는 디자인 속에서 평생을 보내고 있습니다.
디자인 되어진 탁자 위에 디자인 되어진 TV를 올려놓고 디자인
되어진 광고를 보며 디자인 되어진 소파에 앉아 있습니다.
또 디자인 되어진 집안에 디자인 되어진 침대를 놓고 사용합니다.
외부에 나가서도 마찬가지입니다. 디자인 되어진 옷을 입고 나가
디자인 되어진 차를 타고 디자인 되어진 커피숍에서
디자인 되어진 커피잔에 커피를 마십니다.
제가 대학 다닐 때 디자인 교수님이 말씀하셨습니다.
"삶은 곧 디자인이다. 어떻게 디자인 하느냐에 따라
삶이 완전히 바뀌여진다."

감사 연주회

2008년 5월 6일 미국 뉴욕 리버티 국제공항의 택시대기소에서 30분간의 아름다운 바이올린연주회가 열렸습니다.
그레미상 후보에도 올랐던 유명 바이올리니스트 필립 퀸트가 택시기사와 그의 동료들을 위해서 이색 바이올린연주회를 연 것입니다.
퀸트는 미국 댈러스에서 공연을 마치고 돌아오는 길에 택시 안에 대여 받은 40억짜리 1723년산 스트라디바리우스를 두고 내렸습니다.
택시 운전사인 칼리는 직접 그 바이올린을 보관하고 있다가 분실물 안내방송을 듣고 다음날 퀸트에게 돌려주었습니다.
그래서 퀸트는 칼리에게 무엇을 해 줄까 하고 고민하다가 감사의 마음으로 연주회를 마련했던 겁니다.

편의점

처음 24시간 편의점이 생길 때 "어떻게 24시간 동안 자지 않고 영업을 하지? 장사가 될까?" 하고 의아해 했는데 지금은 엄청나게 편의점이 많이 생겼습니다. 한번은 조카가 간난 아기일 때 우리 집에서 하루 잤는데 모기가 많아서 잠을 이루지 못했습니다.
그 시각이 새벽 1시여서 일반 약국은 모두 문을 닫아 모기향을 살 수가 없었습니다. 그런데 집 근처에 편의점이 있어 모기향을 구해 모기향을 피우고 조카가 잠들었습니다.
편의점이 있다는 것 편리한 일입니다.

감사보감

욕을 먹으면 기뻐하라 행실에 이로운 보약이다.

운전 중 딱지를 떼이면 감사하라 교통경찰이 내 생명을 지켜준 것이다.

미운 사람에게 감사하라 감사 분량을 키워 주려는 신의 배려이다.

눈과 귀가 있음을 감사하라 보지 못하고 듣지 못하는 사람이 백만 명이나 된다. 힘들면 감사하라 어려움은 극기력 향상의 훌륭한 스승이다.

병이 나면 감사하라 몸조심하라는 하늘의 신호다.

깨우침을 주는 글에 감사하라 글 하나가 나의 삶을 바꿔 놓는다.

죽을 때도 감사하라 천국 비자는 저절로 나온다.

(이상헌 저 '흥하는 말씨 망하는 말투' 중에서)

머리카락만 2억 원

머리카락은 외부의 충격으로부터 뇌를 보호하는 역할을 하며 직사광선이 바로 머리에 닿지 않게 해서 더위를 피하고 추위로부터 머리를 따뜻하게 보호합니다.
우리 머리에는 10만 개 정도의 머리카락이 있는데 자극에 반응하는 감각 기관의 역할과 수은, 비소 등의 중금속을 배출하는 역할을 합니다. 머리카락 하나 모발 이식하는데 2천 원 정도 한다니까 10만 개의 머리카락만 있어도 2억은 그냥 머리에 달고 다니는 셈이네요.

친절

버스를 탈 때 너무 불친절한 기사를 보면 화가 나면서도
조금은 측은하기도합니다. 그런 운전기사는 작지만 승객 한 사람 한사람의
돈이 모여 자신의 월급이 나오는 걸 깨닫지 못하고 있을 뿐만 아니라
자신의 일에 아무런 자부심을 느끼지 않고 일한다는 생각도 들었습니다.
'1%만 바꿔도 인생이 달라진다' 의 저자 이민규 박사는
아주 친절한 택시운전사에게 친절의 비결을 물었더니 택시기사는
"특별한 비결은 없고요 손님에게 친절하게 하면 내가 기분이 좋아지는걸요.
그러면 사고도 안날 뿐더러 돈도 더 많이 벌려요"라고 말했습니다.
이민규 박사는 내리면서 거스름돈을 안 받았답니다.

인공위성

요새 새벽에 일어나서 잠이 안 오면 누워서 확인해 보는 게 있는데
바로 인공위성입니다. 북두칠성이나 다른 별자리들을 보고 싶지만
슬프게도 주위 도시 불빛으로 인해 밤에도 별들이 보이지 않는 요즘
거의 유일하게 반짝거리는 인공위성을 관찰하는 버릇이 생겼습니다.
인공위성은 약간씩 움직이는 게 보이다가 조금 있으면
저 멀리 사라져 버립니다.
세계 첫 인공위성은 1957년 소련이 쏘아올린 스푸트니크 1호입니다.
현재 3천여 개나 되는 어마어마한 수의 인공위성이 지구를 돌고 있다고
합니다. 이 인공위성으로 구글 지도와 같은 지도를 볼 수 있을뿐만 아니라
전 세계 어디에서나 하는 운동경기도 직접 실시간으로
시청할 수 있습니다. 인공위성은 지구와 우주를 관측하고 기상 자료를
수집하며 국제전화 중계와 초고속 통신에 사용되고 군사 목적으로
군대의 이동도 파악한답니다.
인공위성이 하는 일이 정말 많군요.

달란트

자기가 제일 잘하는 일이 무엇인지 적어보십시오.
또 무엇을 했을 때 가장 기뻤는지 생각해보십시오.
잘하는 일과 또 기뻤던 일 중에 겹치는 부분이
곧 당신의 달란트입니다.

지금 감사

우리는 이것만 내게 있었으면, 이 돈만 해결되었다면,
여기만 안 아팠다면, 이 빚만 없었다면, 그 일만 안 생겼다면,
집만 있었으면 감사했을텐데라고 생각합니다.
하지만 감사할 시간은 바로 오늘, 지금, 이 시간입니다.
만약 그 일이 해결되었다면 당신은 또 다른 하나를 지목해서
그 일도 해결되었다면 감사했을텐데 하고 감사를 망설일 겁니다.

빠삐용

연기자들은 실제 상황이 아닌데도 불구하고 실제인 것처럼 연기를 해서 드라마나 영화를 만들어 냅니다. 이런 연기자들이 있기에 우리는 영화나 드라마를 보면서 일상생활을 탈피해 몇 시간이라도 주인공이 되어 현실을 잊을 수 있습니다. 또 영화티켓 한 장만 사면 제작비를 몇 십억, 몇 백억씩 들인 영화를 볼 수 있어 좋습니다.
영화나 드라마를 보면서 한 번이라도 연기자들에 감사한 적이 있나요?
개인적으로 가장 좋아하는 영화는 빠삐용입니다.

그늘의 고마움

구리에 있는 병원에 갔을 때입니다. 8월이라 뜨거운 햇볕이 비췄는데 유난히 사람들이 도로 왼쪽 한 쪽으로만 다니는 겁니다.
"이상하다 왜 사람들이 저 길로만 다니지?" 하는 순간 그 쪽은 건물 때문에 그늘이 졌고 다른 한쪽 길은 햇볕이 내리쬐이는 것을 발견했습니다.
"참! 그 동안 그늘의 고마움을 잊고 살았군요."

컴퓨터는 만능

컴퓨터가 하는 은행 역할, 캔버스 역할, 종이 역할, 책 역할, 공책 역할, 동사무소 역할, TV 역할, 우체국 역할, DVD역할, 오디오 역할, 볼펜 역할, 비서 역할, 계산기 역할. 도대체 넌 안 되는 게 뭐니?

고마운 파도

바다에는 파도가 쳐야 바다 깊은 데까지 산소가 공급되어 고기들이 살수 있다고 합니다.
파도가 치지 않고 물이 고요하면 물이 썩는답니다.
이와 같이 역경이 우리 삶을 썩지 않게 해주는 활력소가 되어주기도 하죠.
괴로운 일이 있다면 거기서 감사할 조건을 찾아 봅시다.

속눈썹

우리 어머니는 안쪽으로 자라는 속눈썹이 있어서 한 달에 한 번 정도는
그 속눈썹을 빼야 합니다. 그렇지 않으면 그 눈썹이 자라서
눈을 찔러 상당히 아프답니다.
눈썹이 제대로 바깥으로 자라는 것조차도 감사할 일입니다.

논길을 걸으며

서울에서 살다가 양주로 이사 와 처음으로 논이라는 것을
집 가까이에 두게 되었습니다.
여름이 되어 논에 푸른빛이 퍼져나가면 맑은 날 사진기를 들고 나가
사진 찍었으며 그곳에서 책을 읽기도 하고 글을 쓰기도 했습니다.
약간 흐린 날에는 논의 쪽빛이 더욱 선명해져 나를 유혹합니다.
가을에 잠자리와 메뚜기 떼들이 날아 다녀 가을 분위기가 한층 더해지고
논 한가운데를 걸어가면 논에서 나오는 맑은 공기가
기분을 상쾌하게 만듭니다.

어머니

어미 원숭이가 죽어서 뼈가 된 썩은 새끼를 안고 있는 사진이 인터넷에서 떠돈 적이 있습니다. 썩은 새끼로 인해 피부병이 생겨 털이 많이 빠진 상태인데도 자기 새끼를 들고 다녔습니다.
짐승이지만 바로 부모의 사랑을 단적으로 보여준 사진인 듯합니다.
그 사진을 보는 순간 나도 모르게 눈물이 핑 돌더군요.
우리도 어머니가 없었다면 세상에 태어나지 않았을 것입니다.
어머니로부터 사랑을 배우고 그 보호 아래 여기까지 살아왔습니다.

젓가락

미래학자 앨빈 토플러는 젓가락을 사용하는 민족이 21세기 정보화 시대를 이끌어 갈 것이라고 했습니다. 국제 골프계에서 한국 여자 선수들이 두각을 나타내는 것을 보고 현지 골프 전문가들이 젓가락의 승리라고 해석을 하기도 했습니다. 젓가락을 사용하면 30개의 관절과 60여개의 근육이 움직이고 근육 조절 능력, 협응력, 집중력 등 두뇌 능력이 발달된다고 합니다. 김치만 집어 먹을 때 사용된다고 생각했던 젓가락!
좋은 점이 한두 가지가 아니군요.

경청

원래 듣는 것은 길게 느껴지고 말하는 것은 짧게 느껴집니다.

사람들이 경청하지 못하는 이유가 뭘까요? 말하는 사람의 감정, 욕구 등 논리적 구조를 중심적으로 이해하려고 하지 않고 답을 말하거나 질문을 생각하거나 자신의 가치관, 경험담을 어드바이스 하는데 신경을 더 쓰기 때문입니다.

컨설던트 회사에서 가장 중요한 능력은 말하는 능력이 아니라 듣는 능력이라고 합니다. 그 이유는 답의 일부가 이미 상대방의 마음에 있는 경우가 많기 때문입니다.

우리를 지키는 법

보통 법이 사람들을 귀찮게 하는 것으로 생각하기 쉽습니다. 하지만 법은 우리 자신을 보호해 주는 방패 역할을 합니다. 만약 마약법이 없으면 마약에 중독되는 사람들이 많아질 것이고 교통법이 없으면 사고도 많이 나고 도로가 엉망이 될 겁니다. 형법이 없다면 상대방에게 돈을 빼앗기거나 맞아도 하소연할 곳이 없어집니다. 법이라는 것! 귀찮은 게 아니라 우리 생활을 안전하게 도와주는 도구입니다.

대기권

원래 우주의 하늘색은 까만색이지만 하늘이 파랗게 보이는 이유는 대기권이 있어 빛이 반사되기 때문입니다.
그러니까 우리는 대기권 안에 하늘을 보고 있는 겁니다.
대기권은 지구의 중력으로 인해 생기며 대기권이 없으면 지구에 산소가 사라지기 때문에 생명이 존재할 수 없습니다. 그리고 인체에 해로운 자외선을 차단하고 우주에 떠돌아다니는 작은 돌덩이들은 떨어지면서 대기권에서 다 타 없어집니다. 그게 바로 별똥별입니다.
대기권에 밑줄 쫙~~~~

인간의 목적

하나님이 인간을 지으신 목적은 찬양 받으시기 위해서라고 합니다. 그 찬양
받으시기에 가장 좋은 방법은 감사하는 것이라고 생각됩니다.
입으로 찬양(노래)을 부르는 것보다 진심으로 감사하는 것이
하나님을 진짜 찬양하는 방법입니다.

목표의 중요성

'성공을 바인딩하라' 의 저자 강규형 씨는 목표를 정하는 것은 아주 중요한데
목표를 잘못 정했을 때는 죽을 수도 있다는 겁니다. 수학능력시험 1교시를
망친 한 학생이 교실 옥상으로 올라가 뛰어내려 죽었다고 합니다.
이 학생의 목표는 수능 잘 보는 것까지였던 것입니다. 천국의 꿈을 꾸며
살아가고 있다면 웬만한 고난에도 낙망하지 않을 것입니다.
천국의 꿈으로 목표를 높입시다.

플라스틱 병

우리가 하루에도 생각 없이 한두 개씩 버리는 플라스틱 병을 보면서
가끔 이 플라스틱 병이 조선시대 때 있었다면 아마 하나만 있어도
평생 동안 가지고 다니면서 쓰지 않았을까 하는 생각이 들었습니다.
도기보다 가볍고, 깨지지 않고, 녹슬지 않고, 물을 담아 가지고
다닐 수 있으니 조선시대 같았으면 이 플라스틱 병 하나가
고급 도자기보다 비쌌겠지요?
우리가 매일 버리는 플라스틱 병 하나의 귀중함을
다시 한 번 생각해 봅시다.

기본

바이러스 퇴치 프로그램 V3를 만든 안철수 씨는 기본을 중요시한다고 합니다. 바둑을 배울 때 바둑책 50권을 먼저보고 바둑을 두었더니 1년이 지나지 않아 아마 2급이 되었습니다.

컴퓨터를 배울 때도 컴퓨터를 사기 전에 1년 동안 책을 읽었다고 합니다.

기독교인 집이면 웬만하면 걸어 놓았던 "항상 기뻐하라 범사에 감사하라 쉬지 말고 기도하라." 너무 많이 들어 잘 알고 있는 성구입니다만 그냥 문구로만 생각했던 것 같습니다. 이런 기본을 무시했을 때 우리 신앙에 큰 문제가 다가오는 것을 알 수 있습니다.

너무 복잡한 것을 떠나 기본으로 돌아갈 때인 것 같습니다.

그저 그저 감사

어느 목사님의 교회에 다른 교회 다니는 장로님이 새벽예배를 나왔습니다. 그 장로님은 매일 1~2시간 기도했는데 무슨 기도를 하나하고 들어보니 "그저 그저 감사 그저 그저 감사"하고 그 말만 계속 하는 것이었습니다. 그래서 목사님이 "장로님 말을 하셔야지 무슨 기도가 그래요?"하고 물으니 장로님은 "목사님이 그렇게 말씀해 주는 것도 그저 그저 감사 무릎 꿇고 기도하는 것도 그저 그저 감사" 계속 그렇게 기도해서 조금 치매가 걸렸나 하고 생각했답니다. 하지만 세월이 지나서 그 목사님이 생각해 보니 그 기도가 가장 좋은 기도, 명기도였다는 게 깨달아졌다고 했습니다. 우리는 살아가면서 감사할 것뿐이 없습니다.

식욕

세상에 식욕은 있지만 먹을 게 없는 사람이 있고 먹을 것은 있지만
식욕이 없어서 못 먹는 사람이 많습니다.
하지만 식욕과 먹을 것을 다 주신 하나님께 감사를 드립니다.

닉 부이치치의 모험

팔 다리가 없는 닉 부이치치는 핸드폰을 사용하려고 짧게 남은 발가락으로
핸드폰을 날려서 어깨로 잡기 위해 수많은 연습을 했다고 합니다.
연습하는 동안 핸드폰이 뺨을 수 없이 때려 뺨이 퍼렇게 멍들었습니다.
우리가 아무렇지도 않게 생각하는 핸드폰 하나 드는 것조차
힘든 사람이 있습니다. 주위를 둘러보면 감사할 것이 많습니다.

꿀벌

얼마 전 미국에서 이유 없이 24% 정도의 꿀벌들이 실종되는 사건이 일어나 언론이 떠들썩했던 적이 있는데, 그 원인이 핸드폰의 전자파란 이야기도 있습니다.

아인슈타인은 만약 꿀벌이 사라진다면 인간은 4년 뒤에 멸망 할 것이라고 말했다고 합니다. 사과나 딸기, 오이, 호박 같은 식용작물의 90%가 꿀벌 없이는 열매를 맺을 수 없기 때문입니다.

그러나 우리는 이 꿀벌들의 고마움을 모르고 살고 있습니다.

성 어거스틴의 은혜

성 어거스틴은 이렇게 말합니다. "난 훌륭한 사람이 아닙니다. 다른 사람이 나에게 주신 하나님의 은혜를 체험했다면 나보다도 훨씬 훌륭한 사람이 되었을 겁니다."

18평 아파트

100억 갑부가 망해서 18평짜리 집으로 이사 온다면 불행하다고 생각할 것입니다. 그러나 12평짜리 전세 살다가 조금씩 돈을 모아서 18평 아파트를 산다면 그 사람은 행복하다고 생각할 것입니다. 똑같은 18평에 살지만 한 사람은 불행하다고 생각하고 한사람은 행복하다고 생각합니다. 모든 일은 생각하기 나름입니다.

문제 해결법

문제를 만났을 때 거꾸로 보라, 뒤집어 보라, 나눠 보라, 합쳐 보라, 반복해 보라, 기우려 보라, 3차원으로 보라, 뒤에서 보라, 그림으로 표현해 보라, 색깔을 바꿔 보라, 메모해 보라, 축소해 보라, 확대해 보라, 짝을 이뤄 연결해 보라.

민들레 영토

목사를 하다가 이혼을 하자 아무 교회에서도 받아주지 않아 결국 창업의 길을 택한 지승룡 사장, 교회는 주로 돈을 쓰는 것에 초점을 맞추는데 반대로 돈을 버는 형식이면 어떨까 하는 생각을 하게 되어 '민들레 영토'라는 카페를 만들었습니다.

지승룡 사장이 1994년 신촌에 10평 정도의 '민들레 영토' 카페를 열었을 때 주위에 비슷비슷한 카페가 1500개나 있었습니다. 그러니까 1500분지의 1의 생존율이었던 것입니다.

그 속에서 살아날 수 있는 방법을 생각하다가 어머니의 사랑을 느끼게 하여 감동하게 만드는 '마더마케팅'이라는 방법을 생각해냈습니다.

그는 이렇게 말합니다. "목숨 걸고 고객들에게 투자하세요. 어머니가 자식을 대하듯 고객을 대하면 불황은 오지 않을 겁니다."

작은 것에 감사

사실 다른 사람이 만들지 않았다면 혼자서 간단한 칼 하나라도 만들어 쓸 수 있을까요? TV가 그냥 있으니까 보는 것이지 스스로는 TV 부품 하나도 만들 수 없습니다. 다른 사람이 지하철을 만들어놨기 때문에 지하철을 타는 것이지 지하철에 들어간 나사 하나 만들 수 없습니다. 컴퓨터를 누군가가 만들어 놨기 때문에 컴퓨터를 쓰는 것이지 컴퓨터 마우스 하나 만들지 못합니다.
사실 우리는 우리가 벌어서 우리가 사는 것 같지만 다른 사람의 도움이 없으면 아무것도 하지 못합니다.
그렇게 생각한다면 부엌칼 하나 쓸 때도 만든 사람에게 감사해야 겠네요.

공휴일과 주일

조선시대 때 관리들은 지금처럼 일요일 날 쉬지 않고 매달 5일 정도 쉬었는데 음력으로 1일, 7일, 15일, 23일에 쉬었고 24절기에 해당하는 날 (입춘, 경칩, 청명, 입하 등)도 쉬었다고 합니다.
지금처럼 일요일 날 쉰 것은 1894년부터라고 합니다.
주일날이 공휴일이 아니었다면 주일날을 지키기 위해서 회사를 관두는 기독교인이 많았을 것이고 주일날 갈등이 심했을 겁니다.
이렇게 생각했을 때 주일이 공휴일임을 감사드립니다.

컴퓨터 하드 용량

PC가 처음 보급 될 때만해도 컴퓨터 하드 용량이 100메가, 200메가였습니다. 포토샵의 도구 붓을 한번 그으면 2분~3분 걸릴 정도로 엄청 느렸습니다. 그래서 그래픽 프로그램을 사용하기가 보통 짜증나는 게 아니었죠. 요새는 기가를 넘어 테라급의(1000기가가 1테라) 하드를 사용하고 있습니다. 고용량 하드 때문에 컴퓨터 용도도 훨씬 다양해졌답니다.

반지는 건졌어요

개그콘서트에 '감사합니다' 라는 코너가 생겼습니다.

제가 '감사' 라는 소재로 글을 쓰고 있는 중이라 귀가 솔깃했습니다.

주로 부정적인 것으로 소재를 많이 삼는 개그 프로그램에서

감사라는 소재를 가지고 개그 하는 것을 보면

아마 작가가 기독교인일 것 같았습니다.

그 내용을 보니 남자 친구가 헤어지자고 하니까 여자가 "좋아!

그러면 내가 해준 것 다 내놔!" 하더니 허리 띠, 목걸이들을

다 빼앗아 갔습니다. 물건을 다 빼앗긴 남자 친구는 그래도

"감사합니다. 감사합니다."를 외쳤습니다.

애인이 빠뜨린 반지 하나는 건졌다는 겁니다.

우리도 어쨌든지간에 감사합시다.